명언의 탄생

명언의 탄생

명언으로 읽는
100명의
인생철학

김옥림 지음

프롤로그

말은
그 사람의 인생이다

"글은 그 사람의 인격을 나타낸다."

프랑스 박물학자 뷔퐁이 한 말이다. 글 속에 그 사람의 성격, 배움, 됨됨이, 삶에 대한 철학과 사상, 가치관이 담겨 있음을 의미한다. 함부로 글을 쓴다는 것은 스스로를 모독하는 것이다. 글을 쓸 때는 마음을 가다듬고 반듯한 자세로 써야 한다. 그것이 글에 대한 예의이며, 글을 읽을 사람에 대한 예의다.

"말이란 그 사람의 마음과 인격을 알리는 것이다."

에스파냐의 작가 그라시안의 말이다. 말은 자신의 생각을 상대방에게 전달함으로써 목적을 이루는 수단이다. 우리는 이 과정을 '소통'이라 부른다. 말을 함부로 한다는 것은 자신의 인격을 떨어뜨리는 일이며 심할 경우에는 파멸을 초래하기도 한다.

말 한마디에 삶의 흥망이 달려있다. 말을 할 때는 상대와 상황을 고려해 최소한의 예를 갖춰야 한다. 이것은 곧 자신에 대한 예의이다. 말에는 그 사람의 인격과 품성, 삶의 주요 가치가 녹아 있다. 글이 그 사람의 인격이라면 말은 그 사람의 인생인 셈이다. 이런 관점에서 '말은 그 사람의 인생이다'라고 할 수 있다.

위인들은 훌륭한 업적 외에도 수많은 명언을 남겼다. 명언에는 그 말을 남긴 이의 철학과 사상, 인생에 대한 가치관이 담겨 있어 마음에 새기는 것만으로도 큰 힘이 된다. 상황과 처지에 맞는 말은 지난날의 반성과 앞날의 혜안을 가져다준다. 한마디 말이 인생을 변화시키고, 세상을 변화시킨다.

한마디 말은 '인생의 보석'과도 같다. 보석처럼 빛나는 말은 삶을 풍요롭게 하는 재산이다. 머리로 아는 데 그치지 않고 실천으로 옮긴다면 더욱 빛을 발할 것이다. 아무리 좋은 말이라도 마음에만 새기고 행동하지 않으면 무용지물이다.

《명언의 탄생》에는 정치, 경제, 문화, 문학, 철학과 사상, 언론, 예술, 과학, 스포츠, 금융 등 다양한 분야에서 성공을 거둔 이들의 말과 함께 그 말의 탄생 비화가 담겨있다. 책을 쓰기 위해 고대, 중세, 근대, 현대의 다양한 성공을 거둔 100인을 선정하여 관련

책과 자료 문헌집을 샅샅이 살펴보았다. 그들이 어떤 생각을 했으며, 삶의 고난을 어떻게 극복했는지, 어떤 삶을 살았는지 고스란히 담기 위해 노력했다. 이 책을 통해 자신의 삶을 변화시키기 위해 노력하는 이들이 용기와 희망을 얻길 소망한다.

김옥림

프롤로그 _ 말은 그 사람의 인생이다 4

001 물은 아무리 높은 곳에서 떨어져도 깨지는 법이 없다 _ 노자 12

002 말이 많으면 쓸 말은 상대적으로 적은 법이다 _ 묵자 15

003 현재에 사랑하지 못하는 사람은 사랑이 없는 사람이다 _ 래프 톨스토이 18

004 당신의 선택이 당신이 누구인지를 말해 준다 _ 브라이언 트레이시 21

005 세상은 감사하는 자의 편이다 _ 오프라 윈프리 24

006 독서하기 좋은 시간은 겨울철 농한기와 밤, 비오는 날이다 _ 동우 27

007 길이 없으면 찾고 그래도 없으면 만들이 나가면 된다 _ 정주영 30

008 기회가 왔을 때 받아들일 준비가 되어 있는 것이 성공의 비결이다 _ 벤저민 디즈레일리 33

009 신념에 대한 보상은 믿는 것을 보게 된다는 것이다 _ 성 아우구스티누스 36

010 나는 우연히 성공한 것이 아니라 꾸준한 노력으로 성공한 것이다 _ 어니스트 헤밍웨이 39

011 나의 생애는 일곱 번 넘어지고 여덟 번 일어났던 것이다 _ 프랭클린 루스벨트 42

012 실수를 저지르기도 하지만 결코 포기하지 않는다 _ 콘라드 힐튼 45

013 좋아하는 일을 하면 성공은 자연히 이루어진다 _ 워렌 버핏 49

014 남이 자기 자신에 관해서 말하도록 격려하라 _ 데일 카네기 52

015 일하는 데 있어 사령관이 어디 있고, 장병이 어디 있단 말인가 _ 조지 워싱턴 55

016 노래를 들으려는 사람이 단 한 사람일지라도 _ 엔리코 카루소 58

017 매가 죄인을 만드는 법이다 _ 황희 61

018 사랑하는 사람이라도 가차 없이 엄벌해야 한다 _제갈량 64

019 세상의 빛이 될 아이들을 보면 고민하며 지샌 밤이 조금도 아깝지 않다 _마르바 콜린스 67

020 마누라와 자식만 빼고 다 바꿔라 _이건희 70

021 네게 그렇게 하면 기분이 어떨 것 같니 _버락 오바마 73

022 사람들이 성공하지 못하는 이유는 기회가 문을 두드릴 때
뒤뜰에 나가 네 잎 클로버를 찾기 때문이다 _월터 크라이슬러 76

023 꿈 꿀 수 있는 것은 무엇이든 이룰 수 있다 _요한 괴테 79

024 신념이야 말로 가장 빛나는 성공의 원천이다 _노만 빈센트 필 82

025 중요한 임무는 가까이 있는 분명한 것을 실천하는 것이다 _토마스 칼라일 85

026 나는 1센티미터만 전진하려고 해도 싸워야 했다 _마가렛 대처 88

027 믿음이 능력을 만든다 _마하트마 간디 91

028 구하고 찾고 두드려라 _예수 그리스도 94

029 한 걸음 한 걸음 나아가는 것 _마이클 조던 98

030 성공이란, 끊임없이 노력하고 간절히 원하면 반드시 이뤄 낼 수 있다 _리 아이아 코카 101

031 나는 먹고살기 위해 꿈을 꾼다 _스티븐 스필버그 104

032 근면은 빚을 갚고, 자포자기는 빚을 늘린다 _벤저민 프랭클린 107

033 이기는 군대는 우선 이겨 놓고 싸운다 _손자 110

034 불가능한 것을 성취하려면 불가능한 것도 실행해야 한다 _미겔 데 세르반테스 113

035 행복해서 웃는 것이 아니라 웃어서 행복한 것이다 _윌리엄 제임스 116

036 오늘이라는 테두리 안에서 삶을 습관화 하라 _윌리엄 오슬러 119

037 인생은 B와 D 사이의 C다 _장 폴 사르트르 122

038 보물을 보존해 대중에게 보여 주는 것이 컬렉터의 의무이다 _페기 구겐하임 125

039 내 소원은 조금이라도 세상이 나아지는 것을 볼 때까지 사는 것이다 _에이브러햄 링컨 128

040 남을 위해 일하는 것이 최대의 행복이고 즐거움이었다 _루드비히 반 베토벤 131

041 아무도 자신을 믿지 않을 때도 자기 자신을 믿는 것 _슈거레이 로빈슨 134

042 뜻이 확실하면 반드시 생각하는 대로 이루어진다 _프랑크 갠솔러스 137

043 학문은 반드시 실천되어야 한다 _존 러스킨 140

044 수상도 자리에서 물러나면 한 사람의 영국 국민일 뿐이다 _모리스 맥밀런 143

045 지구는 둥글다. 그러나 육지에 닿는다 _페르디난드 마젤란 146

046 가득 차도 뒤집히지 않는 것은 세상에 없다 _공자 149

047 조국의 흙을 내 무덤에 넣어 주십시오 _프레드릭 쇼팽 152

048 삶은 우리 자신이 만드는 것이다 _안나 매리 로버트슨 모제스 155

049 최상의 상품이 최선의 결과를 낳는다 _알버트 라스커 158

050 고개를 숙이면 부딪히는 법이 없다 _무명선사 161

051 성공하는 사람들은 신속한 결단력의 소유자다 _나폴레온 힐 164

052 나의 제2의 인생은 제1의 인생과 별 차이가 없을 것이다 _윈스턴 처칠 167

053 우리의 인생은 우리의 생각에 의해 만들어진다 _마르쿠스 아우렐리우스 170

054 나는 뛰어가서 기회를 잡았을 뿐이다 _월트 디즈니 173

055 종업원이 행복해야 고객도 행복하다 _하워드 슐츠 176

056 일하는 것, 이것만이 살고 있다는 증거다 _장앙리 파브르 179

057 앞으로 나아가는 사람에게는 행복이 따르고
    멈추는 사람에게는 행복도 멈춘다 _랄프 왈도 에머슨 182

058 나비처럼 날아 벌처럼 쏠 것이다 _무하마드 알리 185

059 무언가를 간절히 원할 때 온 우주는 소망이 실현되도록 도와준다 _파울로 코엘료 188

060 세월은 사람을 기다려 주지 않는다 _ 도연명 191

061 과거는 지울 수 없지만 인생은 새롭게 시작할 수 있다 _ 오히라 미쓰요 194

062 자기를 아는 것이 참다운 진보이다 _ 한스 안데르센 197

063 10일 만에 흉상을 만들 수 있었던 것은 30년 동안 조각에 바쳐 온 노력 덕분이다 _ 미켈란젤로 200

064 오, 그분이 강림하신 것 같았다! _ 프리드리히 헨델 203

065 작은 것도 빼놓지 않고 기록하면 절약하는 습관을 기를 수 있다 _ 존 록펠러 206

066 항상 철저하게 언론의 독립을 지켜야 한다 _ 조지프 퓰리처 209

067 나에게는 꿈이 있습니다 _ 마틴 루터 킹 212

068 나는 나 자신을 위한 작업을 한다 _ 사라 문 215

069 우리는 우리가 상상한 것에 모든 것을 걸었다 _ 스티브 잡스 218

070 누구나 즐기는 발레, 그것이 나의 발레다 _ 이사도라 던컨 221

071 자신이 원하는 것을 얻기 위해서는 세 번을 찾아가 예를 다하라 _ 유비 224

072 게으른 자는 남의 물건을 빼앗는 자보다 나쁘다 _ 라빈드라나드 타고르 227

073 넘어질 때마다 일어서는 데 삶의 영광이 존재한다 _ 넬슨 만델라 230

074 행복의 열쇠는 어디에나 떨어져 있다 _ 앤드류 카네기 233

075 불가능해 보이는 일도 꾸준히 노력하면 이룰 수 있다 _ 이백 237

076 죽었다 다시 태어나도 나는 배우가 될 것이다 _ 나운규 240

077 나의 글이 진귀하지 못해 남에게 보이면 사흘 동안 부끄러워진다 _ 이덕무 243

078 내가 당신을 위해 그런 호텔을 지어 줄 것이다 _ 윌리엄 월도프 아스토리아 246

079 내 꿈과 열정에 솔직한 것이 내 삶이고 경영이다 _ 리처드 브랜슨 249

080 용서할 수 없어도 용서하라 _ 미셸 바첼레트 252

081 나는 내 말을 실현해 냈다. 그것은 내 의지와 열망이 이룬 결과였다 _ 루이사 엘콧 255

082 니는 반드시 왕이 될 것이다 _오노레 드 발자크 258

083 성공 비결은 다른 사람의 관점을 포착하여 자신의 입장에서 생각하는 것이다 _헨리 포드 261

084 익은 밤은 저절로 떨어진다 _정철 264

085 뜻을 세웠으면 사사로운 정은 잊어 버려라 _안중근 267

086 스승의 말은 곧 스승이다 _이항복 270

087 아침에는 소년 행을 노래하고, 저녁에는 동무 음을 짓는다 _김종직 273

088 모험의 시험을 통과하지 않고서는 당신이 누구인지 알 수 없다 _조앤 롤링 276

089 게임의 룰이 바뀔 때마다 큰 기회가 온다 _조지 소로스 279

090 내가 국가를 위해 무엇을 할 수 있는지를 생각하라 _존 F. 케네디 282

091 한 번도 상처 받지 않은 것처럼 사랑하라 _마크 트웨인 285

092 프랑스는 300미터 높이의 돛대에 기를 단 유일한 국가다 _구스타브 에펠 288

093 가능성을 열어 두면 문제를 이신 없이 들여다보게 된나 _색 뻴치 291

094 인간은 존재 자체로서 존경해야 한다 _허브 켈러허 294

095 태양을 바라보고 살아라 _헬렌 켈러 297

096 남에게 해를 끼치는 일을 할 수 없다 _김대건 300

097 천사는 가난하고 어려운 사람을 위해 싸우는 존재이다 _플로렌스 나이팅게일 303

098 일에 있어서 간사함을 꾀하지 말며, 남을 대하는 데 있어
    경건한 태도를 가져야 한다 _율곡 이이 306

099 목표를 설정하고 매진하면 손해 보지 않는다 _로날드 레이건 310

100 인생은 가까이서 보면 비극이지만, 멀리서 보면 희극이다 _찰리 채플린 313

001
물은 아무리 높은 곳에서 떨어져도 깨지는 법이 없다

단단한 돌이나 쇠는 높은 곳에서 떨어지면 깨지기 쉽다.
그러나 물은 아무리 높은 곳에서 떨어져도 깨지는 법이 없다.
물은 모든 것에 대해서 부드럽고 연한 까닭이다.
_ 노자

(B.C 6세기경) 老子 노자

도가의 창시자이자 학자, 저서 《도덕경》

　노자는 도가의 창시자이자 《도덕경》의 저자로 유명한 학자이다. 그는 자연의 이치를 따르고 무위하게 사는 도道를 중요하게 생각했다. 그가 이렇게 주장하는 것은 도가 없어지자 인仁과 의義가 생겼고, 교묘한 지혜가 나타나자 거짓이 생겼다고 생각했기 때문이다. 그는 육친이 화목하지 못해 효와 자애가 생겨났고, 국가가 혼란해지자 충신이 나왔다고 주장했다. 노자의 사상이 공자의 사상과 전면 배치되는 것에 대해 사마천은 다음과 같이 말했다.

"세상에서 노자의 학문을 배우는 이들은 유가 학문을 배우는 자들을 멀리하고, 유가 학문을 배우는 자들은 노자의 학문을 멀리하였다. 길이 다르면 서로 도모하지 않는다는 말은 이를 두고 한 말일 것이다. 노자는 무위로써 저절로 교화되게 하고, 맑고 고요하게 있으면서 저절로 올바르게 되도록 했던 것이다."

노자가 말하는 무위란 무엇인가. 무위란 '자연을 그대로 두고 인위를 가하지 않음'을 말한다. 자연의 순리에 따라야지 인간의 생각으로 판단해 좌우지하면 안 된다는 것이다. 있는 그대로를 따르는 것이 무위다. 무위에 대한 노자의 주장이 드러난 말이다.

"최고의 선善은 물과 같다. 물은 만물을 이롭게 하면서도 다투지 않고, 모든 사람이 싫어하는 곳에 머문다. 그러므로 도에 가깝다. 최고의 선에 있는 사람은 머무는 곳으로는 땅을 최상으로 여기고, 마음가짐은 고요한 연못을 최상으로 여기며, 선한 사람과 더불어 하며, 말에서는 믿음을 최상으로 여기고 바르게 함에 있어서는 다스리는 것을 최상으로 여기며, 일에서는 능력을 최상으로 여기며, 행동에서는 시의적절함을 최상으로 여긴다. 오직 다투지 않으므로 따라서 허물이 없게 된다."

노자의 무위를 따른다는 것은 쉽지 않은 일이다. 도의 경지에 이르러야 할 수 있는 일이다. 무위를 따르지는 못해도 그 경지에 닿기 위해 노력한다면 최선의 삶을 살게 될 것이다.

노자에게 물은 무위사상의 중심이다. 그는 자신의 사상을 물에 빗대어 다양하게 표현했다. 물은 항상 높은 곳에서 낮은 곳으로 흐른다. 절대로 낮은 곳에서 높은 곳으로 흐를 수 없다. 물이 위에서 아래로 흐르는 것은 자연의 이치에 따르는 것이다. 물은 흐르다 막히면 돌아서 흐르고, 웅덩이가 있으면 웅덩이에 물이 찰 때까지 기다렸다가 흐른다. 낭떠러지를 만나면 벽을 타고 흘러내린다. 장소를 가리지 않고 흐르는 것이다. 물은 흐르는 곳마다 생명을 틔운다. 물이 지나간 자리에는 물고기가 뛰고, 나무가 자라고, 풀이 돋고, 꽃이 핀다. 이것이 물의 본질이다.

인위적으로 물길을 막으면 물이 썩어 물 아래 생명은 물론이고, 물 위에 생명도 살아남지 못한다. 맑은 물은 생명을 품지만 썩은 물은 생명을 품지 못한다. 인위는 자연의 순리를 거스르는 행위로 노자의 사상에 배치된다.

물은 가장 부드러운 존재이면서 가장 강한 존재이다. 여기에 노자는 다음과 같이 말했다.

"단단한 돌이나 쇠는 높은 곳에서 떨어지면 깨지기 쉽다. 그러나 물은 아무리 높은 곳에서 떨어져도 깨지는 법이 없다. 물은 모든 것에 대해서 부드럽고 연한 까닭이다."

그렇다. 물은 깨지는 법이 없다. 물은 어떤 것과도 잘 어울리며 존재로 인해 만물에게 생명을 준다.

002
말이 많으면 쓸 말은 상대적으로 적은 법이다

말이 많으면
쓸 말은 상대적으로 적은 법이다.
_묵자

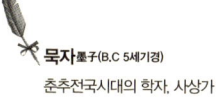

묵자墨子(B.C 5세기경)
춘추전국시대의 학자, 사상가

묵자는 중국의 역사에서 매우 중요한 인물이다. 그는 천민 출신으로 지배 계층을 배격하고 가난하고 힘없는 이들을 대변하며, 인간은 누구나 평등하다는 논리를 펼쳤던 진보적인 사상가이다. 그는 인간의 도리란 서로 존중하고 사랑하며, 이익은 서로 나눔으로써 함께 해야 한다고 주장했다. 인간으로서 도리를 다할 때 인간의 가치가 바로 서고, 삶다운 삶을 살 수 있다고 주장했다. 묵자는 공자나 맹자, 노자, 장자와는 다른 철학을 지녔다. 그러다 보니 그에게 배움을 청하는 이들이 많아졌다.

"말이 많으면 쓸 말은 상대적으로 적은 법이다."

묵자가 한 말인데 여기에 얽힌 이야기가 있다.

어느 날 자금이라는 사람이 묵자를 찾아와 고민을 털어놓으며 가르침을 청했다.

"선생님, 저의 고민을 청하오니 가르침을 주십시오."

"그래요? 무슨 일인지 말해 보시오."

묵자는 인자한 미소를 띠며 대답했다.

"저는 말을 잘하는 사람을 보면 존경심이 듭니다. 말을 잘하는 사람들은 발음도 정확하며 태도 역시 반듯합니다. 저는 사람들 앞에만 서면 다리가 심하게 떨리고 말을 할 수가 없습니다. 말을 잘할 수 있는 방법을 제게 가르쳐 주십시오."

자금은 말을 마치고 묵자의 가르침을 기다렸다.

"말은 그다지 중요하지 않소. 세상 만물 모두가 말하고 살지는 않지요. 천지를 환히 비추는 해와 달도 언제나 말없이 제 일을 하지요. 나무가 말을 하지 않아도 우리에게 주는 이로움은 줄어들지 않지요. 아무리 말을 잘한다고 해도 검은 말을 하얗게 만들 수는 없지요."

묵자의 말에 자금은 고개를 끄덕이며 경청했다. 그래도 궁금증이 풀리지 않아 다시 물었다.

"선생님, 말을 잘하는 능력이 있다면 효용성이 매우 클 것입니다. 어떻게 하면 되겠는지요?"

"그대가 간청하니 예를 들어 보겠소. 파리와 모기는 하루 종일 소리를 내지요. 그런데 그 소리가 아름답다는 생각이 들던가요? 그들이 내는 소리는 아무런 도움이 되지 않으며 오히려 사람들을 괴롭게 할 뿐이지요. 반대로 수탉은 아무 때나 울지 않지요. 수탉은 날이 밝기 시작할 때 우는데 이 소리를 듣고 사람들은 잠에서 깨 하루 일과를 시작하지요."

묵자의 말에 자금은 무릎을 쳤다. 그는 묵자에게 거듭 감사를 표하고 깊은 깨달음을 안고 돌아갔다.

003
현재에 사랑하지 못하는 사람은
사랑이 없는 사람이다

미래에 있어서의 사랑은 없다. 사랑이란 오직 현재에 필요한 것이다.
현재에 사랑을 하지 못하는 사람은 사랑이 없는 사람이다.
_ 래프 N. 톨스토이

(1828~1910)Lev Nikolaevich Tolstoi 래프 N. 톨스토이
작가, 사상가, 문명 비평가
주요 작품 《전쟁과 평화》, 《부활》, 《안나 카레니나》, 《톨스토이 인생론》 외

《전쟁과 평화》, 《안나 카레니나》, 《부활》 등으로 유명한 톨스토이. 톨스토이는 러시아가 낳은 세계적인 작가이자 자랑이다. 톨스토이는 세계문학의 역사에 한 획을 그은 위대한 작가이다. 톨스토이의 대단함은 그가 뛰어난 작가임에 그치지 않는다. 그는 가난한 사람들을 진심으로 이해하고 그들의 편에 서서 생각하고 행동했다.

그는 러시아 남부 툴라 근교의 야스나야 폴랴나에서 명문 백작가의 넷째로 태어났다. 부유한 환경에서 태어나거나 자란 사람들은 대개 가난한 이들의 사정에는 관심이 없고 오만에 빠지거나 자기중심적이기 쉬운데 톨스토이는 예외였다. 그는 일찍이 부모를 여의며 극심한 외로움을 느꼈다. 그러면서 주변 사람들의 소중함을 깨달았고 사람에 대한 이해와 배려가 깊어졌다. 외로움을 통해 사람을 사랑하는 마음을 배운 것이다.

톨스토이는 죽음에 대해 끊임없이 생각했다. 죽음의 공포와 삶의 무상을 절감하고 심한 정신적 동요가 일어나기도 했다. 그는 과학, 철학, 예술 등에서 해법을 구하려 했으나 답을 얻지 못하고, 결국은 종교에 의탁했다. 인간의 보편적인 심성에 그도 예외는 아니었다. 톨스토이는 종교에 깊이 심취해 돈독한 신앙심을 키우면서 사람들을 이해하고 사랑하는 법을 배웠다. 그는 스스로를 낮추는 데 익숙했다. 모든 사람은 평등하기에 자신의 노예마저도 노예 신분에서 풀어 주었다.

다음은 인간에 대한 톨스토이의 사랑과 이해가 드러나는 대목이다.

"글 읽을 줄 아는 몇 백만 러시아인들은 굶주린 갈가마귀처럼 입을 벌리고 우리들 앞에 서서 '우리나라의 지식인 작가 여러분, 당신들 자신과 우리들에게 합당한 문학의 양식을 주십시오. 살아 있는 말에 굶주리고 있는 우리들을 위해 써주십시오. 죽어 있는 말의 쓰레기에서 우리들을 풀어주십시오.'하고 요구하고 있다. 러시아인들은 아주 단순하고 정직하니까 우리는 그들의 요구에 응

해야 한다. 나는 이 일에 대해서 무척 많이 생각했다. 그리고 내 재능을 다 바쳐 노력해야겠다고 마음먹었다."

톨스토이가 다닐렙스키에게 작가의 바람직한 자세에 대해 한 말이다.

톨스토이의 인간미가 드러난 예화도 있다.

톨스토이가 귀중한 서류를 친구에게 전해 주기 위해 길을 가고 있을 때였다. 한 여자아이가 그가 들고 있는 가방을 보고 사달라며 엄마에게 떼를 썼다. 애석하게도 그 가방은 대대로 내려오는 하나뿐인 가방이라 살 수 있는 것이 아니었다. 아이의 엄마는 떼 쓰는 아이를 달래려 노력했지만 소용이 없었다. 그 모습을 지켜보던 톨스토이는 볼일을 보고 돌아와서 가방을 주겠다고 아이와 약속했다.

볼일을 마친 톨스토이는 약속대로 돌아오는 길에 아이의 집에 들렀다. 그런데 아이는 보이지 않았다. 아이 엄마는 딸아이의 갑작스러운 죽음을 그에게 전했다. 톨스토이는 애석해 하며 아이의 엄마에게 그 무덤으로 자신을 데려가 달라고 부탁했다. 아이 엄마는 톨스토이를 아이의 무덤으로 안내했다. 그는 가방을 무덤 앞에 놓고 고개 숙이며 아이의 명복을 빌어 주었다.

인간에 대한 깊은 이해와 애정은 문학 작품뿐만 아니라 그의 말과 행동에도 묻어나 있다. 오늘, 지금 이 순간 사랑을 실천하라는 그의 간절한 외침이 그가 남긴 말에 서려있는 듯하다.

004

당신의 선택이
당신이 누구인지를 말해 준다

중요한 것은 말하는 것이나 희망하는 것, 바라는 것이나 의도하는 것이 아니라 행동하는 것이다.
당신의 선택이 실질적으로 당신이 어떠한 사람인지를 분명히 말해 준다.
_브라이언 트레이시

브라이언 트레이시 Brian Tracy(1944년~현재)
컨설턴트, 자기 계발 동기부여가, 강연가, 저술가
저서 《전략적 세일즈》, 《판매의 심리학》,
《잠들어 있는 성공시스템을 깨워라》, 《위대한 기업의 7가지 경영 습관》 외

자기 계발 동기부여가이자 강연가로 유명한 브라이언 트레이시. 그는 산전수전을 겪으며 자수성가한 입지전적인 인물이다. 그는 어려운 집안 환경으로 고등학교도 마치지 못했다. 그는 생계를 위해 어린 나이에 작은 호텔에서 접시 닦는 일을 해야 했다. 그 후 몇 년 동안은 여기저기를 떠돌며 온갖 막노동으로 생계를 겨우 유지했다. 스물세 살 때는 잘 곳이 없어 건초 더미에서 노숙을 하

기도 했다. 지척을 분간할 수 없는 밤바다 같은 앞날에 절망하며, 울기도 했고 때로는 두려움에 몸서리치기도 했다. 하지만 자신을 포기할 수는 없어 각고의 노력 끝에 부와 명성을 얻으며 성공했다.

브라이언 트레이시가 성공할 수 있었던 것은 경험을 통한 배움 덕이었다. 배움은 그가 꿈을 이루는 데 필요한 지혜를 갖도록 해주었다. 관련된 일화가 있다.

브라이언 트레이시는 영업을 시작하고 6개월 동안 실적이 없었다. 그는 프로 영업인을 찾아가 비법을 알려 달라고 간청한 끝에 비법을 전수 받았다. 그는 배운 대로 실행해 판매 실적을 올려 매니저가 되었다. 이후 그는 아프리카에서 3년 동안 머물며 이곳 저곳을 여행하며 몸과 마음을 다졌다. 그의 생각은 더욱 깊어졌고 꿈을 향한 열망도 강렬해졌다.

단련된 몸과 마음으로 귀국한 그는 닥치는 대로 책을 읽었다. 심리, 철학, 경제학, 경영학 등 자신의 꿈을 이루는 데 도움이 되는 책들을 읽으며 공부했다. 배움만이 자신의 꿈을 구체화 시키며 힘이 되어 준다는 사실을 깨달았기 때문이다. 대학에서 주최하는 강의가 있으면 한달음에 달려가 들었다. 그는 스스로 터득하고 확립한 지식으로 성공에 이르렀다.

그는 강연 때마다 무작정 몸을 움직여 일하기보다 공부를 통해 배운 것을 적용하며 일할 것을 당부했다.

"평생 배우기에 힘써야 한다. 당신의 정신과 머리에 집어넣는 것, 그것이 당신이 가질 수 있는 최고의 자산이다."

브라이언 트레이시의 명언에는 삶을 통해 배움의 소중함을 깨달은 그의 신념이 담겨 있다. 배움보다 더 중요한 것이 있다. 배움을 통해 깨달은 것을 행동으로 옮기는 것이다. 깨달음 자체만으로 달라지는 것은 아무 것도 없다. 깨달음을 행동으로 옮겼을 때 놀라운 결과가 나타난다.

대부분의 사람들은 배움을 통해 깨닫는 것 까지는 잘하지만 실천의 의지가 부족하다. 몇 번 해보다가 뜻대로 되지 않으면 금세 포기해 버린다. 의지와 신념이 약하기 때문이다. 아무리 견고한 이론으로 무장했다 하더라도 행동이 뒷받침 되지 않으면 소용이 없다. 생선이 먹고 싶으면 낚싯대를 던지거나 물속에 뛰어들어 맨손으로라도 잡을 각오를 해야 한다. 물가에 서성거리기만 하면 고기는 절대 물 밖으로 튀어 오르지 않는다.

"중요한 것은 말하는 것이나 희망하는 것, 바라는 것이나 의도하는 것이 아니라 행동하는 것이다. 당신의 선택이 실질적으로 당신이 어떠한 사람인지를 분명히 말해 준다."

얼마나 멋지고 확실한 깨달음인가. 그의 삶은 이 가치를 깨닫고 나서 180도 달라졌다. 그는 매년 100회 이상을 강연하는 등 왕성한 활동을 통해 자신의 진가를 유감없이 발휘했다. 어두웠던 지난날을 거울 삼아, 마침내 그는 자기 계발 전문가로 크게 성공하며 베스트셀러 작가가 되었다

005

세상은 감사하는 자의 편이다

당신이 무엇의 확장을 추구한다면, 그리고 인생의 행복을 추구한다면,
당신은 원하는 것보다 더 큰 것을 이뤄 낼 수 있다.
내 인생에서 어떤 일이 일어나든 감사하는 법을 배웠을 때,
기회, 사람들과의 관계, 부까지도 내게로 다가왔다.
_ 오프라 윈프리

(1954~현재)Oprah Winfrey 오프라 윈프리
방송인, 하포 엔터테인먼트 그룹 대표
2013년 〈포브스〉 세계에서 가장 영향력 있는 유명 인사 100인 선정
미국 케네디센터 평생공로상(2010), 거너버스 어워즈 장 허슐트 인권주의상(2011) 수상

세계에서 가장 영향력 있는 여성 중 한명인 오프라 윈프리. 그녀는 하워드대학의 명예 박사학위를 받는 자리에서 다음과 같이 말했다

"인생에서 많은 상을 받았지만, 자기 자신에게 존중 받는 것 이상의 상은 없습니다. 본래 자신의 모습을 파는 노예가 되지 말아야 합니다."

그녀는 언제나 자기 자신을 존중했다. 존중하는 마음으로 자신을 격려한 덕에 능력을 배가 시키며 하는 일마다 긍정적인 결과를 냈다. 화려한 명성과 인기, 부를 거머쥔 오프라 윈프리. 그런 그녀에게도 어두운 과거는 있었다. 그녀의 어린 시절은 너무나도 가혹했다. 미혼 부모 사이에서 태어난 그녀는 지독한 가난과 조부모 밑에서 힘겨운 시절을 보냈다. 사촌에게 성폭행을 당해 열네 살 어린 나이에 아기를 낳았지만 이내 죽고 말았다.

그녀의 성장기는 하나부터 열까지 시련으로 가득했다. 눈물과 아픔으로 가득 찬 시간이었다. 그녀를 행복하게 하는 것은 단 한 가지도 없었다. 하지만 그녀는 절망하지 않았다. 눈앞에 벌어지는 모든 일들을 긍정적으로 받아들이며 자신을 훈련하는 시간으로 삼았다.

그러던 어느 날 그녀에게 지역 라디오 방송국에서 일할 기회가 주어졌다. 저녁 뉴스의 공동 진행 자리를 맡게 된 것이다. 그녀의 재치 있는 말솜씨는 시청자들에게 좋은 인상을 주었고, 이 일을 계기로 낮 시간에 진행하는 토크쇼까지 맡게 되었다. 그녀에게는 더없이 기쁘고 행복한 일이었다. 방송을 통해 그녀가 사람들에게 알려질 무렵에는 새로운 기회가 찾아왔다.

1983년 오프라 윈프리는 시카고에서 30분짜리 아침 토크쇼를 진행하게 되었다. 당시 그 프로그램은 별로 인기가 좋지 않았는데 그녀는 천재일우의 기회로 삼아 자신의 역량을 마음껏 발휘했다. 그러자 놀라운 일이 벌어졌다. 그녀의 토크쇼가 단번에 시청자들의 눈길을 사로잡은 것이다. 시청률은 수직에 가까운 상승세를 보였다. 기존의 토크쇼와는 다른 그녀만의 진행 방식과 화법이 대중의 이목을 사로잡은 것이다. 그녀의 독특한 개성은 시청자들을 끌어 당겼고, 마침내 그녀는 누구나 인정하는 최고의 진행자가 되었다.

그녀는 불행했던 과거를 슬퍼하거나 불만스럽게 생각하지 않았다. 오히려 긍정적으로 받아들였다. 긍정적인 삶의 태도는 그녀에게 생산적인 에너지를 제공해 주었다. 그녀는 자신에게 주어진 모든 일들을 감사하게 생각하며 겸손하게 받아들였다. 그것이 곧 자신의 삶에 대한 예의이며 삶의 에너지라고 믿었기 때문이다.

'생각하는 대로 살지 않으면 사는 대로 생각하게 된다'라는 말처럼 그녀는 자신의 생각대로 살고 있다. 그녀는 자신의 성공에 대해 다음과 같이 말한다.

"당신이 무엇의 확장을 추구한다면, 그리고 인생의 행복을 추구한다면, 당신은 원하는 것보다 더 큰 것을 이뤄 낼 수 있습니다. 내 인생에서 어떤 일이 일어나든 감사하는 법을 배웠을 때, 기회, 사람들과의 관계, 부까지도 내게로 다가왔습니다."

오프라 윈프리는 자신의 말대로 삶을 영위하는 이 시대의 진정한 희망이며, 긍정의 아이콘이다.

006

독서하기 좋은 시간은 겨울철 농한기와 밤, 비오는 날이다

> 독서하기 좋은 시간은 겨울철 농한기와 밤
> 그리고 비오는 날이다.
> _동우

동우 童遇
후한말의 학자
《노자와 춘추좌씨전春秋左氏傳》의 주석서

독서삼여讀書三餘라는 말이 있다. 독서에 적당한 세 가지의 한가한 때를 이르는 말이다. 후한말기 헌제 때 황문시랑을 지낸 동우가 남긴 말이다. 이 말의 탄생 배경은 다음과 같다.

벼슬에서 물러나 있던 동우에게 한 젊은이가 찾아왔다.

"선생님, 물리지 마시고 저를 제자로 삼아 주십시오."

"나는 제자를 삼지 않소. 그러니 돌아가시오."

동우는 일언지하에 거절했다. 그러자 젊은이는 제자로 받아 줄 것을 간청하며 말했다.

"선생님, 저는 농사일로 바빠 책 읽을 시간조차 없습니다."

젊은이의 말을 듣고 동우가 말했다.

"그것은 핑계에 불과하오. 책 읽을 시간은 얼마든지 있소."

"그것이 무슨 말씀이신지요?"

동우의 말뜻을 이해하지 못한 젊은이가 말했다.

"바쁜 와중에도 독서하기 좋은 시간이 있소. 첫째는 농사철이 끝나 일이 없는 겨울이며, 둘째는 밤, 셋째는 비오는 날이오. 이때를 잘만 활용하면 얼마든지 책을 읽을 수 있소."

결국 젊은이는 간청을 거두고 물러났다.

동우는 거창하게 뜻만 품고 시작하지 않는 것은 진정한 공부가 아니라고 생각했다. 공부나 독서는 혼자서도 얼마든지 할 수 있다. 문제는 마음이다. 독서는 그 자체로 공부이며 좋은 스승과의 만남이다.

동우가 당대 최고의 지식인이 된 것 역시 독서 덕분이었다. 어려서부터 그는 책 읽는 것을 좋아했다. 때와 장소를 불문하고 그의 손에는 언제나 책이 들려져 있었다. 한시도 그는 손에서 책을 놓지 않았다. 그에게 책은 가난을 견디는 희망이었고 낙이었으며 친구이자 스승이었다. 책을 통해 그의 지식은 나날이 깊어졌고 각지에서 명성이 자자했다. 그럼에도 그는 자신의 학문을 자랑하지 않았고 군자의 자세를 잃지 않았다.

이윽고 동우를 둘러싼 자자한 명성이 헌제의 귀에까지 들어갔다. 헌제는 그를 궁으로 불러들였다. 헌제는 동우를 자신의 글 선생으로 삼으며 황문시랑이라는 벼슬을 내렸다.

예로부터 독서는 배움뿐만 아니라 충과 효, 예와 덕을 익히는 최고의 수단이었다. 독서가 인간의 삶 전반에 영향을 끼친다는 것은 누구나 다 아는 사실이다. 세상에 바쁘지 않은 사람은 없다. 사람들은 다양한 일과 목적으로 바쁘게 살고 있으며 그 핑계로 독서를 미뤄둔 지는 이미 오래 전이다.

독서할 시간이 없다고 말하는 이들은 동우의 말을 가슴에 새겨야 한다. 시간 날 때마다 틈틈이 독서하는 습관을 들여 실천해야 한다. 꾸준히 하다 보면 독서의 유익을 깨닫고 동우처럼 손에서 책을 놓지 않게 될 것이다.

"독서하기 좋은 시간은 겨울철 농한기와 밤 그리고 비오는 날이다."

인간의 시계는 유한하다. 주어진 시간에 세상의 모든 일을 보고 듣고 경험하기는 어렵다. 책은 세상을 향한 하나의 창이며 인간의 유한함에 대한 유일한 대안임을 잊지 말아야 한다.

007
길이 없으면 찾고 그래도 없으면 만들어 나가면 된다

길이 없으면 길을 찾고,
찾아도 없으면 길을 만들며 나가면 된다.
_정주영

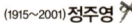

(1915~2001) 정주영
현대그룹 창업주, 제14대 국회의원
제13대~17대 전국경제인연합회 회장, 국민훈장 동백장, 국민훈장 무궁화장 수훈
제5회 만해상 평화상(2001), DMZ 평화상 대상(2008) 수상

"길이 없으면 길을 찾고, 찾아도 없으면 길을 만들며 나가면 된다."

소양강댐 완공 후 정주영이 인터뷰에서 했던 말이다. 이어질 내용은 실제 그가 무에서 유를 창조하며 이룬 업적에 관한 이야기이다.

소양강댐을 건설할 때의 일이었다. 소양강댐은 재원 일부를 대

일청구권 자금으로 충당하게 되어 있었고, 일본 공영이 설계에서 기술 용역 등을 담당하게 되었다. 당시 일본 공영의 설계는 콘크리트 중력댐이었다. 정주영은 콘크리트 중력댐으로 건설하면 막대한 돈이 일본으로 건너간다는 사실을 깨닫고 정부에 문제를 제기했다.

정주영은 소양강댐이 들어설 곳 주변에 지천으로 널려 있는 자갈과 모래로 사력댐을 건설하면 비용을 줄일 수 있을 것이라 생각했다. 그는 즉시 정부에 사력댐으로 건설할 것을 제안했다. 당시 건설업자가 정부의 결정에 이견을 제시한다는 것은 어불성설이었다. 일개 건설업자가 정부가 하는 일에 이의를 단다는 것은 비상식적인 행동으로 간주되었으며 보통 배짱이 아니면 할 수 없는 일이었다.

정주영은 이 모든 것을 알고도 이견을 제시했다. 정부의 입장에서는 반가울리 만무했다. 당시 그의 행동은 정부의 권위를 무시하고 세계 굴지의 일본 공영에 대한 정면 도전과도 같은 것이었다. 결국, 그의 현대건설은 정부의 주무관서와 일본 공영의 반발을 사며 냉대를 받았다.

그는 눈 하나 깜빡하지 않았다. 그에게는 자신만의 지식과 신념이 있었다. 그는 이대로 물러설 수 없다고 판단했다. 삼자 연석회의를 제안했다. 현대건설에서는 정주영과 전갑원 기사가, 일본 공영에서는 동경대 출신의 하시모토 부사장, 건설부와 수자원개발공사에서는 일류 기술자들이 참석했다.

회의는 초등학교 밖에 안 나온 사람이 무엇을 알겠느냐며 무시만 당한 채 소득 없이 끝났다. 정주영은 사력댐에 대한 자신의 의견을 추호도 굽히지 않았다. 콘크리트 중력댐보다 사력댐이 훨씬 경제적이고 튼튼하다고 굳게 믿었기 때문이다. 이때 정주영에게 힘을 실어 준 사람이 있었다. 박정희 대통령이었다.

"나는 정 사장이 하는 말에 타당성이 있다고 생각합니다. 지금 당장 그의 의견대로 검토하시오."

박정희 대통령의 지시로 사력댐 건설이 검토되었다. 두 달 후 정주영은 자신을 찾아온 일본 공영의 구보다 회장을 만나게 되었다. 구보다 회장은 우리나라 최초의 수력발전소인 수풍댐을 만든 댐 건설의 권위자였다. 그는 정주영에게 최대한 예의를 갖춰 말했다.

"우리 회사 사장은 콘크리트댐 전문가이지 사력댐 전문가는 아닙니다. 정 사장의 설계를 바탕으로 조사를 해보았더니 암반이 취약해 콘크리트댐보다는 사력댐으로 하는 것이 낫겠습니다. 사력댐으로 건설할 때 비용이 절약되는 것도 사실입니다."

구보다 회장의 말은 정주영에게 큰 힘을 실어 주었다.

우여곡절 끝에 소양감댐은 최초 예산의 30퍼센트를 줄여 사력댐으로 건설되었다.

그는 자신의 뜻을 단호하게 밝히며 상대에게 자신의 생각을 관철시키는 능력이 탁월했다. 그가 기업인으로 살아오면서 비슷한 일들은 무수히 많았다. 그는 누구 앞에서도 자신의 생각이 옳다고 판단되면 소신을 굽히지 않았다.

정주영의 생존법은 주체적이었으며 능동적이고 확신에 차 있었다. 그의 머릿속에는 늘 이상과 현실의 지도가 펼쳐져 있었고 무에서 유를 창조하는 정신이 신념처럼 자리하고 있었다.

008

기회가 왔을 때 받아들일 준비가 되어 있는 것이 성공의 비결이다

기회가 왔을 때 받아들일 준비가 되어 있는 것, 그것이 바로 성공의 비결이다.
_벤저민 디즈레일리

벤저민 디즈레일리 Benjamin Disraeli(1804~1881)
제40대, 42대 영국 수상 역임, 소설가
주요 작품 《비비안 그레이》, 《헨리에타 사원》 외

유럽에서 가장 보수적인 영국 의회에 진출해 두 차례나 수상을 지낸 벤저민 디즈레일리. 그가 영국 의회에 길이 남는 정치가가 될 수 있었던 것은 능력이 출중했기 때문이다. 대표적인 그의 공적은 가난한 노동자들의 주거개선 법을 시행해 빈민가를 새롭게 단장하며 서민들이 쾌적한 환경에 주거하도록 한 것이다. 그 외에도 복잡했던 공중보건법을 크게 개선했고, 노동 착취를 방지

하는 공장법과 노동자 단체의 지위를 인정하는 두 개의 노동조합법 제정도 그의 업적이다. 대외적인 업적으로는 당시 이집트 수에즈운하를 인수한 것이 있다. 수에즈운하 인수는 영국의 강국 이미지를 부각시키는 것은 물론 국민들에게 지도력을 인정받는 데 크게 작용해 그의 정치적 입지를 더욱 견고하게 해주었다.

러시아와 투르크 간의 전쟁으로 영국은 인도로 가는 길에 방해 받지는 않을까 염려했다. 디즈레일리는 전쟁으로 지쳐있는 러시아에게 세를 과시하며, 영국은 전쟁으로 발생하는 어떤 불이익도 허용하지 않겠다는 의지를 보였다. 러시아가 투르크에 강요한 산스테파노 조약은 1878년 베를린에서 열린 유럽 의회에 상정되었는데, 디즈레일리는 회의에 참석해 러시아로부터 원하는 것을 모두 받아 냈다.

이 일은 영국의 자긍심을 드높인 역사적 사건이라 불리며 그의 정치적 위상을 높여 주었다. 그는 빅토리아 여왕의 총애와 신임은 물론 국민들에게 위대한 정치가로 깊이 각인 되었다.

디즈레일리의 승부사 기질은 강직한 인품에서 기인한다. 좌절을 모르는 유대인의 기질과 지혜로 정치적 역량을 드높이며 반대 세력을 굴복시켰다.

그렇다면 디즈레일리에게는 단점이 한 가지도 없었을까. 그렇지 않다. 그는 젊은 시절 호기를 부려 사람들로부터 허세를 부린다는 비난을 받기도 했다. 주식에 투자하고, 사업에도 손을 댔으나 실패했다. 좌절과 방황으로 4년 넘게 허송세월을 보내기도 했다. 정계에 입문해서는 수차례에 걸쳐 낙선했다. 그의 인생은 실패의 연속이었다.

그럼에도 그는 좌절하지 않았다. 좌절은 곧 인생의 실패라는 것을 경험을 통해 깨달았기 때문이다. 그는 실패를 거듭할수록 강해지기 위해 더욱 노력했다. 독서광이었던 그에게 책은 인생의 이정표와도 같았다. 그는 많은 책을 읽으며 지식을 쌓고 지혜를 터득했다.

"한 달에 네 권 이상의 책을 꼭 읽어야 한다."

디즈레일리의 말이다. 그는 독서를 통해 자신을 훈련시켰고 자신감을 심어 주었다. 그에게 실패는 일종의 연습 게임이었다. 그는 실패를 통해 단련되었고 마침내 단단한 진주를 품게 되었다. 그는 자신이 축적한 역량을 발휘할 기회만을 엿보았고 기회가 찾아왔을 때 놓치지 않고 붙잡아 자신의 꿈을 이뤄 냈다. 디즈레일리는 자신의 성공에 대해 이렇게 말했다.

"기회가 왔을 때 받아들일 준비가 되어 있는 것, 그것이 바로 성공의 비결이다."

그가 영국의 수상으로 있는 동안 '대영제국은 해가 지지 않는다'라는 말이 있을 정도로 영국은 전 세계적으로 위상을 떨쳤다. 그는 많은 국민들로부터 존경과 찬사를 받은 정치인이었다.

009
신념에 대한 보상은 믿는 것을 보게 된다는 것이다

신념은 아직 보지 못한 것을 믿는 것이며,
그 신념에 대한 보상은 믿는 것을 보게 된다는 것이다.
_성 아우구스티누스

(354~430)Sanctus Aurelius Augustinus 성 아우렐리우스 아우구스티누스
교부, 신학자, 사상가
저서 《고백록》, 《행복론》, 《신국론》, 《삼위일체론》 외

아우구스티누스는 가톨릭 신자들로부터 존경받는 위대한 인물이다. 그의 이름 앞에 거룩하다는 뜻의 '성Sanctus'을 붙이는 것은 그가 성인으로서 책임과 의무를 다했음을 의미한다. 아우구스티누스는 교부로서 신학자로서 사상가로서 철저한 삶을 살았다.

청년 시절에 그는 여자와 이교도에 빠져 절제된 삶을 살지 못했다. 그는 수사학을 공부하기 위해 카르타고로 가서 철학에 심

취했지만 이교도인 마니교에 빠져 10년 가까이 세월을 보냈다. 열일곱 살에 여자와 동거를 하며 14년을 살았고 아들을 낳았다.

아우구스티누스는 어머니 모니카의 마음을 아프게 하며 불효의 시간을 보냈다. 그의 어머니 모니카는 독실한 그리스도인으로 아들의 타락을 막기 위해 눈물을 흘리며 밤새 기도한 끝에 그를 타락의 구렁텅이에서 건져 냈다. 아우구스티누스가 마니교를 떠난 것이다. 그는 밀라노의 주교 암브로시우스에게 세례를 받고 그리스도인이 되었다. 그는 고향으로 돌아와 수도회를 설립하고 수도사 생활에 전념했다.

아우구스티누스는 독실한 믿음으로 깊은 신앙을 갖게 되었고, 히포 레기우스에서 발레리우스 주교에게 사제 서품을 받았다. 이후 그는 마니교를 부정하고 비판했다. 인간의 도덕적 완성을 주장하는 펠리기우스 주의를 비판하며 그리스도의 삶을 주장했다.

그는 모든 삶의 근원은 하나님께 있으며, 하나님의 은총만이 인간을 바르게 하고 죄로부터 구원함을 강력하게 주장했다. 아우구스티누스의 은혜론은 종교 개혁자인 마틴 루터에게도 큰 영향을 끼쳤다. 그는 발레리우스 주교와 공동 주교가 되었으며, 공동 주교가 죽자 히포 교구의 주교가 되었다. 그는 주교로서 신학자로서 사상가로서 활발한 활동을 펼치며 《고백록》, 《행복론》, 《신국론》 등 많은 책을 저술했다.

아우구스티누스는 사람들을 아끼고 사랑했다. 사람이 사람 위에 군림하는 것은 하나님의 뜻에 어긋날 뿐만 아니라 하나님의 사랑을 부정하는 죄악이라고 믿었다. 그의 믿음이 잘 나타나는 이야기가 있다.

427년 게르만족의 한 민족인 반달족이 북아프리카를 침략했을 때였다. 그는 안전한 곳으로 대피할 수 있었지만 피난민들의 곁에서 기도와 봉사로 섬겼다. 피난민들은 크게 감동하며 그를 높이 칭송했다. 아우구스티누스는 눈감기 직전까지 피난민들을 돌보다 결국, 열병에 걸려 생을 마감했다.

아우구스티누스의 삶은 타락과 회심으로 점철되어 있다. 그가 이교도인 마니교에 빠진 것과 어린 나이에 여자에게 빠진 것은 인생의 흠이었다. 그는 하나님의 은혜를 체험하면서 과거로부터 완전히 벗어나 그리스도인의 길을 걸었다. 그는 신학적으로 크게 영향을 미쳤고, 사상가로서 유익한 저서를 많이 남겼다. 그의 삶은 교회 발전에 막대한 계기가 되었다.

사람은 누구나 죄 지을 수 있다. 죄를 뉘우치지 못하면 영원히 죄에서 벗어나지 못하지만, 회개하면 용서 받고 참된 그리스도인의 길을 걸어갈 수 있다.

아우구스티누스의 신념은 하나님에 대한 믿음에 기초한다. 그는 믿음의 확신에서 벗어나지 않았다. 그는 자신의 믿음에 대해 다음과 같이 말했다.

"신념은 아직 보지 못한 것을 믿는 것이며, 그 신념에 대한 보상은 믿는 것을 보게 된다는 것이다."

아우구스티누스의 신념은 하나님을 향한 굳은 믿음에서 나온 것이며 굳은 믿음에서 그의 위대함은 발현되었다.

010
나는 우연히 성공한 것이 아니라
꾸준한 **노력**으로 성공한 것이다

나는 우연히 성공한 것이 아니라
꾸준한 노력으로 성공한 것이다.
_어니스트 헤밍웨이

어니스트 헤밍웨이 Ernest Hemingway(1890-1961)
소설가
주요 작품 《노인과 바다》, 《누구를 위하여 종은 울리나》, 《무기여 잘 있거라》 외
《노인과 바다》로 퓰리처상과 노벨문학상 수상

미국인이 가장 사랑하는 작가 어니스트 헤밍웨이. 《노인과 바다》, 《누구를 위하여 종은 울리나》, 《무기여 잘 있거라》는 누구나 한 번쯤은 들어봄직한 작품들이다. 특히 《누구를 위하여 종은 울리나》, 《무기여 잘 있거라》는 제목 자체가 하나의 시구다. 그는 글재주가 탁월한 작가였으며 투철한 작가 정신의 소유자였다.

그의 소설 《무기여 잘 있거라》는 실제 총알이 빗발치는 전쟁터

의 경험을 바탕으로 하는 소설로 유명하다. 헤밍웨이는 1929년 제1차 세계대전 당시 운전병으로 참전했다. 《무기여 잘 있거라》는 발표와 동시에 많은 비평가들의 찬사를 받으며 소설가로 입지를 다지는 계기가 되었다.

그는 스페인을 무척이나 좋아해 네 차례나 방문했는데, 그 곳에서 〈제5열〉이라는 희곡과 《누구를 위하여 종은 울리나》를 썼다. 특히 스페인에서의 다양한 경험을 바탕으로 쓴 소설 《누구를 위하여 종은 울리나》는 판매 부수 면에서 큰 성공을 거두었다.

헤밍웨이는 제2차 세계대전이 일어나자 종군 기자로 전쟁터를 누볐다. 전쟁은 그의 생과 불가분의 관계였다. 전쟁의 경험은 고스란히 그의 작품에 영향을 주었다. 그래서인지 그에게는 행동파 작가라는 별칭이 따라다닌다.

미국으로 돌아온 그는 바다 빛이 아름다운 쿠바의 해변가에 기거하며 소설을 쓰고 낚시를 즐겼다. 그는 이것을 소재로 《노인과 바다》를 썼다. 《노인과 바다》는 평단으로부터 열광적인 찬사를 받았다. 뿐만 아니라 그에게 1953년에는 퓰리처상을, 1954년에는 노벨문학상을 안겨 주었다. 마침내 세계문단에 한 획을 긋는 작가로 등극하게 된 것이다.

헤밍웨이의 작가 정신은 강인한 프로 정신에서 기인한다. 그는 작품에 대한 애착이 남다르다. 총알이 빗발치는 전쟁터에 두 번이나 자원한 헤밍웨이. 다른 작가들은 꿈조차 꾸지 못할 시도를 통해 그는 생생한 작품을 써내려갔다. 헤밍웨이가 탁월한 작가로 기억되는 것은 결국 그의 노력과 열정에 있었다. 노력을 이기는 재능은 없다. 그의 노력과 열정이 그를 세계적인 작가로 만들었다. 그는 자신의 성공에 대해 묻는 이들에게 이렇게 말했다.

"어떤 이들은 나의 성공을 운이 좋아서 혹은 재능이 뛰어나서라고 말합니다. 그러나 그것은 잘못된 생각입니다. 나는 우연히 성공한 것이 아니라 꾸준한 노력으로 성공한 것입니다."

헤밍웨이는 꿈을 이루는 데 끈기와 노력만큼 중요한 것은 없다고 강조했다.

대부분의 사람들은 한 분야에서 대단한 업적을 이룬 사람을 부러워하며 찬탄하지만 장점을 배우려 하지는 않는다. 만약 자신이 지금과 다른 삶을 살고 싶다면 헤밍웨이의 말을 가슴 깊이 새기며 실천에 옮겨야 할 것이다. 꾸준히 노력하다 보면 자신도 모르게 꿈꾼 대로 살고 있는 자신을 발견하게 될 것이다.

미국 문학의 거장 헤밍웨이. 그는 끈기와 열정이 무엇인지 보여 준 진정한 작가이다.

011

나의 생애는 일곱 번 넘어지고 여덟 번 일어났던 것이다

돌이켜 보면 나의 생애는 일곱 번 넘어지고
여덟 번 일어났던 것이다.
_프랭클린 루스벨트

(1882~1945)Franklin Delano Roosevelt **프랭클린 D. 루스벨트**
미국 제32대 대통령(4선), 경제 대공황 때 뉴딜정책을 편 대정치가
저서 《프랭클린 루스벨트의 온 아워 웨이》 외

미국 역사상 최초로 4선 대통령이 된 루스벨트. 대부분의 사람들은 그가 온실 속의 화초처럼 자란 줄 알지만 사실은 그렇지 않다. 그는 어떤 정치가보다도 실패를 많이 했고, 39세 때 갑작스럽게 소아마비를 앓았다. 그는 투병중에도 나을 수 있다는 희망의 끈을 놓지 않았고 비록 다리를 절게 되었지만 소아마비를 극복해냈다. 그는 자신을 단 한 번도 장애인이라고 생각하지 않았다. 주

위에서는 그를 동정어린 눈으로 바라보기도 하고 애석하게 여겼지만 그는 자신의 환경에 대해 불만하지 않았다.

그는 누구보다도 강했고, 냉철했으며, 두뇌 회전이 빠르고, 따뜻한 인간미를 가진 사람이었다. 그에게 실패는 성공에 필요한 관문이었다. 그는 완벽에 가까운 긍정적 사고의 소유자였으며 강철과도 같은 사람이었다.

그는 굳은 의지와 신념을 바탕으로 대통령이 되었고 공약대로 뉴딜 정책을 펼쳤다. 많은 어려움이 산적해 있었지만 그의 열정은 모든 것을 극복해 냈다. 경제를 재건시키자 국민들은 그에게 열광했고, 그의 인기는 하늘을 뚫을 정도였다.

이후 재선에 성공한 루스벨트는 '언론의 자유, 신앙의 자유, 결핍으로부터의 자유, 공포로부터의 자유'라는 네 가지 원칙을 세우고, 민주국가들이 하나로 뭉쳐 이 네 가지 자유를 구현해 세계를 재건해야 한다고 호소했다. 이 네 가지 자유는 1941년 '대서양 헌장'과 1942년 '연합국 공동선언'을 거쳐 국제연합UN 헌장의 인권 조항이 되었으며, 1948년 국제연합총회에서는 '세계 인권선언'의 전문으로 채택되었다.

이런 노력이 있었기에 루스벨트는 미국 역사의 전무후무한 4선 대통령이 되었다. 미국 국민들은 지금도 그를 가장 존경하는 대통령 1위로 꼽는 데 주저함이 없다. 그는 미국 정치사에 살아 있는 전설이다.

루스벨트의 성공 비결은 끊임없는 도전 정신과 예리한 판단력에 있다. 그는 타인의 의견을 존중하고 평화와 자유를 사랑하는 따뜻하고 부드러운 사람이었다. 거듭되는 실패와 소아마비라는 신체적 장애에도 결코 좌절하지 않았다. 최악의 상황에서도 의지를 굽히지 않았으며 믿음과 겸손, 온유함으로 나아갔다.

그는 평화주의자였다. 약자를 보호하고, 전쟁을 증오했으며 언제나 국민의 자유와 권리를 생각했다. 그 결과 극심한 경제대란으로부터 미국을 구해 냈다.

루스벨트가 대통령 자리에서 물러나 한 사람의 국민이 되었을 때 사람들이 물었다.

"성공의 비결에 대해 말씀해 주십시오."

질문을 받은 루스벨트는 빙그레 웃으며 말했다.

"성공의 비결이요? 나는 젊었을 때 정치에 뜻을 두고, 여러 가지 고통스러운 일을 많이 겪었고 실패도 많이 했습니다. 하지만 굴하지 않고 열심히 노력한 끝에 대통령이 되었습니다. 돌이켜 보면 나는 일곱 번 넘어지면 여덟 번 일어났던 것 같습니다."

루스벨트는 자신의 성공을 수많은 실패와 고통 속에서 이루어진 것이라고 겸손하게 말했다. 그의 명언이 많은 사람들에게 귀감이 되고 전해지는 것은 그의 대단한 업적 때문이 아니라, 빛나는 그의 노력 때문일 것이다.

012
실수를 저지르기도 하지만 결코 포기하지 않는다

성공하는 사람들은 쉼 없이 움직인다.
실수를 저지르기도 하지만 결코 포기하지 않는다.
_콘라드 힐튼

콘라드 힐튼 Conrad Nicholson Hilton(1887~1979)
힐튼 호텔 창업주

콘라드 힐튼은 전 세계에 250여 개의 호텔을 세워 호텔 왕으로 불린다. 그는 성공 비결을 묻는 이들에게 다음과 같이 말했다.

"호텔 벨 보이를 할 때 주변에는 나와 똑같은 처지의 벨 보이들이 많았다. 그중에는 호텔 경영에 관한 재능이 나보다 뛰어난 사람들도 많았고 나보다 더 열심히 일하는 사람들 역시 많았다. 하지만 혼신을 다해 성공한 자신의 모습을 그렸던 사람은 오직 나

하나뿐이었다. 성공하는 데 가장 중요한 것은 꿈꾸는 능력이다."

그의 어린 시절은 지독한 가난의 연속이었다. 그는 아버지를 따라 이리저리 유랑하듯 힘겹게 살았다. 그러던 중 31세 때 호텔 벨 보이로 일하게 되었다. 힐튼은 손님들의 가방을 들어 주고, 객실을 청소하고, 잔 심부름을 했다. 다른 벨 보이들은 틈만 나면 구석에서 잡담을 하고 시시덕거렸지만, 힐튼은 자신에게 주어진 일에 최선을 다하며 하루가 다르게 성장해 나갔다.

당시 그는 벨 보이였지만 세계에서 가장 크고 좋은 호텔을 소유하겠다는 꿈이 있었다. 그는 종이 위에 자신의 꿈을 적고 미국에서 가장 큰 호텔 사진과 나란히 책상에 붙여 두었다. 그는 책상 위에 붙여 놓은 자신의 꿈을 수시로 들여다보며 미래를 그려 나갔다.

그는 게으름을 허용하지 않았다. 게으름을 자신의 꿈을 가로막는 적으로 간주하고 허용하지 않았다. 그는 누구보다 열심히 자신의 길을 걸어간 끝에 모블리 호텔을 인수하게 되었다. 꿈만 같은 일이었다. 그토록 원하던 호텔 사업을 하게 된 것이다. 벨 보이였던 자신이 호텔의 사장이 된 것이 기적처럼 느껴졌다.

당시 모블리 호텔은 객실 수가 부족했는데, 그는 부족한 객실 수를 보완하기 위해 식당을 없애고 객실을 만들었다. 객실 수가 늘자 손님이 늘었고, 호텔의 수익 역시 날로 증가 했다.

성실함은 그를 꿈의 무대로 인도했다. 성실함을 무기로 그는 자신의 꿈을 하나씩 완성시켜 나갔다. 호텔 벨 보이를 시작하고 꿈을 키운 지 15년 만에 이룬 성과였다.

콘라드 힐튼의 성공 비결은 두 가지이다.

첫째. 생생하게 꿈꿀 것.

둘째. 혼신을 다해 노력할 것.

꿈은 상상에 불과하다. 꾸기만 하는 꿈은 머릿속에만 존재한다. 꿈을 현실에서 마주하려면 끊임없는 노력이 필요하다. 이루고자 하는 목표를 마음속에 생생하게 그리고, 성공한 자신의 모습을 떠올리며 주어진 삶에 최선을 다하는 것. 그것이 그의 성공 비결이었다.

간절한 꿈은 무의식적으로 우리를 자극시킨다. 현실을 비관하며 꿈조차 꾸지 않는다면 상상의 여지는 물론 삶의 의욕 또한 갖기 어렵다. 꿈이 있다고 무조건 이룰 수 있는 것은 아니다. 꿈을 꾸는 것이 밑그림을 그리는 과정이라면 실천은 색을 입히는 과정이다. 아무리 밑그림이 좋아도 자체만으로는 미완성이다. 색이 입혀져야 밑그림이 산다. 꿈도 마찬가지다. 꿈은 실천이 수반되어야 하는 밑그림이나 마찬가지다.

"혼신을 다해서 성공한 자신의 모습을 그렸던 사람은 오직 나 하나뿐이었다."

힐튼의 말이다. 여기서 혼신을 다해서라는 말은 실천을 의미한다. 사력을 다해 노력하는 것을 말한다. 힐튼은 혼신의 노력 끝에 전 세계에 250여 개의 호텔을 지을 수 있었다.

"성공하는 사람들의 자세에 대해 말씀해 주십시오."

힐튼은 성공한 사람들이 가져야 할 자세에 대해 묻는 이들에게 다음과 같이 말했다.

"성공하는 사람들은 쉼 없이 움직인다. 실수를 저지르기도 하지만 결코 포기하지 않는다."

그렇다. 아무리 꿈이 거창하고 생생해도 부지런히 움직이지 않으면 절대 성공할 수 없다.

013

좋아하는 일을 하면
성공은 자연히 이루어진다

> 자신이 좋아하는 일을 하라.
> 그러면 성공은 자연히 이루어진다.
> _워렌 버핏

워렌 버핏 Warren Buffett(1930~현재)
버크셔 헤더웨이 회장, 워싱턴 포스트 이사, 미국 자유훈장 수훈
저서 《주식 말고 기업을 사라》, 《워렌 버핏의 주식투자 콘서트》

워렌 버핏이 많은 이들에게 회자되는 이유는 그가 세계 3위의 재산가라서 혹은 버크셔 헤더웨이의 최고경영자이기 때문만은 아닐 것이다. 그는 사회 지도층으로서 노블리스 오블리제 실현이 무엇인지 사람들에게 보여 주었다. 그는 재산의 85퍼센트인 370억 달러를 빌게이츠 재단에 기부하겠다고 공언했다. 그의 기부 소식을 접한 이들은 천문학적인 금액에 깜짝 놀랐고, 그의 아

름다운 용단에 존경을 표할 수밖에 없었다.

미국은 기부 문화가 발전된 나라이다. 기부 문화 1세대인 카네기와 록펠러가 뿌린 기부의 씨앗이 발아되어 국민들의 가슴에 꽃을 피웠기 때문이다. 워렌 버핏은 빌게이츠와 더불어 미국뿐만 아니라 전 세계의 부자들과 만나 기부를 권유하며 기부 문화를 활성화시키는 데 앞장서고 있다. 그에게 기부는 인생의 목표이자, 의지, 신념처럼 보인다.

워렌 버핏은 전 세계적으로 주식의 귀재 혹은 주식계의 살아있는 전설로 불린다. 그의 능력은 가히 독보적이다. 전 세계의 인정에도 불구하고 그는 자신이 많은 재산을 모을 수 있었던 것이 자신의 능력이 출중했기 때문만은 아니었다고 고백한다. 그는 사회의 덕을 본 것이라며 겸손을 표했다.

대부분의 부자들은 자신의 성공에 대해 자신의 출중한 능력을 과시하며 자랑하기 바쁘다. 워렛 버핏의 겸손은 전 세계의 내로라하는 부자들 가운데서 그를 돋보이게 한다.

부는 상대적인 가치이다. 한 사람이 많은 부를 축적한다는 것은 누군가는 자신의 몫을 챙기지 못함을 의미한다. 워렌 버핏은 부의 원리를 이해하고 있었다. 그는 자신의 재산이 순전히 자기만을 위해 쓰여서는 안 된다고 생각했다. 그는 자신의 재산을 사회에 환원하는 방법으로 기부를 택했고 공표했다.

워렌 버핏은 자식들에게도 재산을 물려주지 않겠다는 생각을 가지고 있다. 다른 부자들이 갖은 편법을 동원해 상속에 혈안이 되어있는 것과 다소 비교 되는 모습이다.

그는 스스로도 자신의 인생을 만족해 하며 살고 있다. 많은 이들에게 돈의 가치관을 일깨워 주며 행복한 여생을 보내고 있다.

이제 사람들은 그를 '오마하의 현인'이라고 부른다. 현인은 대개 유명한 철학자나 사상가, 종교인을 지칭하는 수식어이다. 기업가인 그에게 현인이라는 말을 붙인다는 것은 그만큼 그를 존경함을 의미한다.

워렌 버핏은 자신이 하는 일과 기부 문화 운동은 모두 자신이 좋아서 하는 일이라고 밝혔다. 그는 자신이 좋아하는 일을 통해 능력을 발휘했고 성공을 이끌어 냈다.

"자신이 좋아하는 일을 하세요. 그러면 성공은 자연히 이루어집니다."

그의 성공에 숨은 비결은 없었다. 그저 마음이 이끄는 일을 향해 열정을 다했을 뿐이다. 좋아하는 일은 아무리 해도 질리지 않는다. 그는 평범한 진리에서 성공을 일궈 낸 꿈의 실현자이다.

014

남이 자기 자신에 관해서 말하도록 **격려**하라

좋은 청취자가 되라.
남이 자기 자신에 관해서 말하도록 격려하라.
_ 데일 카네기

(1888~1955년)Dale Carnegie 데일 카네기
자기 계발 전문가이자 강연자, 데일카네기 연구소 소장
저서 《카네기 처세술》, 《카네기 성공철학》 외

자기 계발 동기부여가이자 처세술의 대가, 《카네기 처세술》의 저자 데일 카네기는 미국의 수많은 자기 계발 전문가 중에서도 단연 독보적인 존재이다. 그는 미국인들은 물론 전 세계인들에게 인간관계의 중요성을 깨닫게 해주었고, 능동적인 삶에 대해 일깨워 주었다.

어떻게 그는 평범한 교사에서 전 세계적으로 주목받는 자기 계발 전문가가 될 수 있었을까. 그 힘의 원천은 그가 매우 긍정적이었다는 데 있다. 넉넉한 주변 환경은 아니었지만 그는 매사 긍정적이었다. 실천 능력 또한 뛰어났다. 자기만의 강의를 위해 강의안을 구성하고 공부하는 데 열중했다. 마침내 그는 자신의 철학과 사상이 담긴 자기 계발 및 인간관계를 위한 처세술 전략을 완성했다. 그는 대학을 비롯해 각 기관을 찾아다니며 문을 두드렸고 끝내 자신의 꿈을 이루었다.

데일 카네기의 유명한 일화이다.

어느 날 데일 카네기는 모임에서 만난 유명한 식물 학자와 이야기를 나누게 되었다. 그는 식물에 대해 아는 바가 없어 그저 열심히 듣기만 했다. 연신 "아, 네."라는 말만 반복하며 식물 학자의 말에 추임새만 넣었다. 궁금한 것이 있으면 "조금 더 설명을 해주시겠습니까?"하고 덧붙일 뿐이었다. 그러면 식물 학사는 만면에 미소를 머금은 채 신이 나서 설명해 주었다.

카네기는 다른 곳으로 자리를 옮기고 싶었지만, 열심을 다해 이야기하는 식물 학자에 대한 예의로 몇 시간 동안 자리를 지키며 들어 주었다. 그의 이야기가 끝나자 카네기는 손을 내밀어 악수를 청하며 말했다.

"오늘 참으로 유익한 말씀을 들었습니다. 식물을 키우는 데 많은 도움이 될 것입니다. 감사합니다."

"아, 그렇습니까? 저 역시 잘 들어 주셔서 감사 드립니다."

식물 학자는 매우 흡족한 얼굴로 자랑스러워 하며 말했다. 둘은 헤어졌다. 그런데 어느 날부터인가 카네기가 대화의 명수라는 소문이 돌았다.

'대화의 명수라니, 대체 누가 그런 소리를 하는 것일까.'

데일 카네기는 소문의 근원을 알아보기 위해 수소문 했고 얼마 후 진원지를 알아냈다. 모임에서 만난 식물 학자가 만나는 사람마다 데일 카네기가 말을 잘하는 사람이라고 한 것이었다. 졸지에 그는 대화의 명수가 되었다. 이 일이 있은 후 그는 자신이 하는 말 못지않게 남의 말도 열심히 들었다.

때로는 말보다 경청이 믿음과 신뢰를 준다는 것을 깨닫고 경청에 대해 그는 다음과 같이 말했다.

"좋은 청취자가 되라. 남이 자기 자신에 관해서 말하도록 격려하라."

사람은 누구나 자기의 말에 귀 기울여 주는 것을 좋아한다. 상대가 자기에게 보이는 관심에서 신뢰감을 얻기 때문이다. 기억하라. 상대에게 신뢰를 주려면 귀 기울여 그가 하는 말을 들어야 한다.

015

일하는 데 있어 사령관이 어디 있고, 장병이 어디 있단 말인가

일하는 데 있어 사령관이 어디 있고, 장병이 어디 있단 말인가?
모두 힘을 합쳐서 하면 더 쉽게 할 수 있지 않은가.
_조지 워싱턴

조지 워싱턴 George Washington(1732~1799)
미국 초대 대통령

조지 워싱턴. 그는 정직한 대통령의 표상으로 미국 국민들로부터 깊은 존경을 받고 있다. 그의 인간적인 면모가 잘 드러나는 감동적인 이야기가 있다.

그가 사령관 시절 사복을 한 채 한적한 시골길을 지나갈 때였다. 자연의 아름다움에 한껏 취해 있을 때였다. 한구석에서 군인들이 막사를 짓느라 분주하게 움직이고 있었다. 그는 잠깐 멈춰

서서 그들이 일하는 모습을 지켜보았다.

그때였다. 한 부사관이 장병들을 향해 고함쳤다.

"이 멍청이 같은 놈들아! 몸을 사리지 말고 일하란 말이다. 그렇게 꼼지락대면 어느 세월에 막사를 짓겠냐!"

모습을 지켜보던 워싱턴은 양미간이 잔뜩 찌푸려졌다. 장병들이 무거운 것을 들고 끙끙거리는 것을 보고도 부사관이라는 자는 도와줄 생각은 안 하고 잔소리만 했기 때문이다. 워싱턴은 그에게 다가가 말을 걸었다.

"이보시오."

"무슨 일입니까?"

워싱턴의 말에 부사관은 귀찮다는 듯이 말했다.

"보기에 딱해서 하는 말인데, 장병들이 힘들어서 쩔쩔매는데도 왜 거들어 주지 않는 것입니까?"

"그야 저들은 졸병이고 나는 고참 부사관이니까 그렇지요. 계급부터가 다른데 어떻게 같이 일하라는 말입니까."

"일하는 데 고참이 어디 있고, 졸병이 어디 있습니까? 힘을 합치면 손쉽게 일을 끝낼 수 있지 않겠소."

부사관의 당당한 태도에 워싱턴은 어처구니 없어 하며 말했다.

"우리 일에 상관 말고 가던 길이나 가시지요."

부사관은 짜증난 표정으로 말했다.

"당신이 거들지 않으면 내가 거들어 주리다."

워싱턴은 말이 끝나기가 무섭게 팔을 걷어붙이고 장병들의 일을 거들어 주었다. 장병들은 지원군의 등장으로 더욱 힘내서 일했다. 워싱턴이 일을 다 끝내고 윗옷을 걸치는 데 외출 중이던 부대장이 도착해 부사관에게 물었다.

"부사관, 저 신사 분은 누구신가?"

"아, 네. 이곳을 지나가다 장병들을 돕겠다고 하여 함께 일했습니다."

"그래? 참 고마운 분이시군."

부대장은 신사가 있는 곳으로 다가갔다.

"도움을 주셔서 감사 드립니다."

"아닙니다. 그저 조금 도왔을 뿐입니다."

워싱턴은 뒤돌아서며 말했다. 부대장은 깜짝 놀라며 부동자세로 경례를 취한 후 말했다.

"사령관 각하, 여기는 어떻게 오셨습니까? 또 장병들과 일을 하시다니요?"

"신경 쓰지 말게. 머리를 식히러 지나가다 잠깐 도운 것뿐이네."

부대장을 비롯한 부사관과 장병들은 워싱턴의 너그러움과 자상함에 깊은 감동을 받았다. 그의 인품은 일화를 타고 널리 알려졌고 훗날 그는 사람들의 존경을 한 몸에 받으며 대통령이 되었다.

016
노래를 들으려는 사람이 단 한 사람일지라도

내 노래를 듣고자 하는 사람이 단 한 사람이라 할지라도
그곳이 또한 어디라 할지라도 나는 노래를 부르겠다. 그것이 나의 의무이다.
_ 엔리코 카루소

(1873~1921)Enrico Caruso 엔리코 카루소
이탈리아 테너 가수

    이탈리아의 전설적인 테너 가수 엔리코 카루소. 그는 지독한 가난에도 굴하지 않고 삶에 최선을 다한 끝에 훌륭한 가수가 되었다. 대부분의 예술가들은 개성이 강하고 자존심이 세다. 더구나 유명한 경우라면 자신의 유명세만큼이나 콧대가 하늘을 찌르기도 한다.

    카루소는 달랐다. 그는 팬이 원하면 장소를 가리지 않고 노래

를 불렀다. 그의 진정성을 알지 못하는 사람들은 카루소를 자존심이 없는 가수라며 비웃고 조롱했다. 그가 다른 예술가들과 다른 점이라면 자신의 팬을 지극히 사랑한 겸손함을 들 수 있다. 그의 예술가적 정신이 드러난 일화가 있다.

카루소가 친구와 함께 뉴욕에서 가장 멋진 식당에 갔을 때였다. 한눈에 카루소를 알아 본 종업원은 주방장에게 그의 방문을 알렸다. 주방장은 카루소 앞으로 달려와 공손하게 인사했다.

"어서 오십시오. 이렇게 찾아 주셔서 영광입니다. 언젠가는 한 번 꼭 오시리라 믿고 있었습니다."

"아니, 어째서 나를 그토록 기다렸습니까?"

"선생님의 훌륭한 노래를 가까이에서 듣고 싶었기 때문입니다. 선생님께서 식당에 오시면 노래를 청해 듣기로 저희 모두가 간절한 마음으로 고대하고 있었답니다."

"그래요? 그렇다면 노래를 해야겠군요."

"선생님, 그게 정말이십니까?"

카루소의 시원스러운 대답에 주방장은 활짝 웃으며 허리를 굽혀 인사했다.

카루소는 자리에서 벌떡 일어나 무반주로 그 어느 때보다도 힘차게 노래를 불렀다. 주방장과 식당 종업원들은 물론 손님들 역시 세계적인 성악가의 노래를 가까이서 듣게 된 사실에 감격해 넋을 잃고 그의 노래에 귀 기울였다. 노래가 끝나자 식당 안은 박수와 환호성으로 가득했다. 함께 온 카루소의 친구가 조금은 못마땅한 표정으로 말했다.

"카루소, 자네답지 않게 어떻게 이런 곳에서 노래를 부르는가?"

그러자 카루소가 웃으며 말했다.

"식당에서 노래를 부르는 내가 이상한가?"

"자네가 누군가. 세계 최고의 테너가 아닌가? 그런데 자네의 위치에 걸맞지 않게 이런 곳에서 노래를 하다니."

"하하, 이 사람. 내가 뭐 그리 대단한 사람이라고. 나는 내 노래를 이해하고, 듣고 싶어 하는 사람이 있다면 그곳이 어디든, 몇 명이 있든 상관이 없다네. 단 한 사람 앞에서라도 노래할 생각이라네."

카루소의 말을 들은 친구는 그의 폭넓은 예술 정신과 열정에 감복해 평생 그를 존경했다고 한다. 카루소는 자신의 일에 최선을 다했고, 팬을 위하는 마음이 남달랐으며 늘 겸손했다. 그는 지금도 전설의 성악가로 대중에게 기억되고 있다.

"내 노래를 듣고자 하는 사람이 단 한 사람이라 할지라도 그곳이 또한 어디라 할지라도 나는 노래를 부르겠다. 그것이 나의 의무이다."

카루소의 예술가적 정신이 느껴지는 말이다.

017

매가 죄인을 만드는 법이다

매가 죄인을 만드는 법이다.
_황희

황희 (1363~1452)
조선 전기 문신

조선시대 청백리의 표상으로 백성들의 존경을 한 몸에 받았던 황희. 그는 이조판서, 형조판서, 병조판서, 대사헌 등 요직을 두루 지냈다. 세종대왕 때는 영의정이라는 막강한 자리에까지 올랐지만, 그의 삶은 늘 청빈했다. 공무를 볼 때는 관복을 입었지만 집으로 귀가해서는 기운 옷을 입고 소박한 음식을 먹었으며, 종의 아이들을 친손자 같이 대했다. 집에서 부리는 종들에게도 신분의 차이가 없는 듯 행동했다.

신분의 차이에도 불구하고 자신과 동등한 인격체로 종을 대한 그의 태도는 당시 양반주의 사회에서 파격에 가까운 일이었다. 그만큼 그는 깨어 있었고 인간적이었으며 시대를 앞서 생각했던 현인이었다.

"매가 죄인을 만드는 법이다."

황희 정승이 한 말로 이 말이 유래한 데는 다음과 같은 사연이 있다.

모처럼 그가 집에서 쉬고 있을 때였다. 피곤한 몸을 뉘인 채 깜빡 낮잠에 빠져들었는데 덜그럭거리는 소리에 눈을 떠보니 선반 위 접시에 있던 배를 두 마리의 쥐가 옮기고 있었다. 그 모습이 하도 신기해 지그시 바라보다 다시 잠이 들었다.

얼마나 잤을까. 그는 밖에서 여종이 야단맞는 소리에 그만 잠이 깨고 말았다. 무슨 잘못을 했는지 부인이 따끔하게 야단을 치고 있었다.

"여러 정황으로 보아 네 짓이 분명하구나."

"마님, 정말이지 제가 한 짓이 아닙니다."

"뭐라! 네 짓이 아니라고? 그러면 선반에 있던 배가 어디로 갔단 말이냐?"

"저는 모르는 일입니다. 마님, 믿어 주세요."

여종은 자신이 한 짓이 아니라며 울면서 말했다.

"안 되겠구나. 따끔한 맛을 봐야 네가 실토를 하겠구나."

황희 정승 부인은 말이 끝나기가 무섭게 매를 들었다. 여종은 매질을 당하면서도 자신의 결백을 주장했다. 황희 정승은 안 되겠다 싶어 자리에서 일어나 밖으로 나갔다. 그때 여종의 목소리가 들려왔다. 여종은 매를 견디지 못하고 자신이 한 짓이라며 거짓으로 잘못을 고백하고 있었다.

황희 정승은 자신이 잠결에 본 것을 부인에게 말해 여종의 억울함을 풀어 주었다. 그는 이 일을 통해 매가 사람을 죄인으로 만든다는 것을 깨달았다. 그는 입궐해 자신이 겪은 일을 세종대왕에게 아뢰고 옥에 갇힌 죄인들 중에 죄가 확실하지 않은 자들의 방면을 주청했다. 세종대왕은 그의 주청을 받아들여 죄목을 재조사하여 죄목이 확실하지 않은 자들을 방면해 주었다.

황희 정승은 인간의 존엄성을 존중했다. 그는 신분을 막론하고 배울 것이 있으면 배웠다. 그는 하늘을 나는 새도 떨어뜨린다는 권력을 가졌지만, 남용하지 않았다. 덕으로 아랫사람들을 대하며 섬기는 마음으로 백성들을 다스렸다. 그는 인간의 도리가 무엇인지 알고 실천한 참된 사람이었다.

018
사랑하는 사람이라도
가차 없이 엄벌해야 한다

큰 공적이나 법, 기준을 지키기 위해서는 사사로운 정에 매이지 않고,
사랑하는 사람이라도 가차 없이 엄벌해야 한다.
_제갈량

(181~234) 제갈량
정치가 겸 전략가, 중국 삼국시대 촉한의 모신

    제갈량은 지혜가 출중하고 지략이 뛰어나 유비가 삼고초려로 자신의 곁에 둔 인물로 유명하다. 제갈량은 동오의 군벌 손권과 연합으로 적벽에서 조조를 격파하며 유비가 제위에 오르는데 크게 기여해 승상에 올랐다. 그는 당대 최고의 지략가였다. 그는 지혜만 뛰어난 것이 아니었다. 자신에게 엄중하고 빈틈이 없기로는 둘째가라면 서러울 정도였다. 그는 타인의 빈틈도 허용하지 않을

정도로 완벽을 추구했다. 완벽을 추구하는 면모는 그를 더욱 돋보이게 했다. 제갈량의 인품이 드러나는 이야기가 있다.

위나라와의 전쟁이 한창일 때였다. 선봉장을 맡은 마속이라는 젊은 장수가 있었다. 마속은 제갈량이 세운 전략을 무시한 채 자기 멋대로 전술을 펴는 바람에 크게 패하고 말았다. 제갈량은 마속이 괘씸했다. 군사인 자신의 명령을 어겼다는 것은 항명이나 다름없었기 때문이다.

"너는 어쩌자고 내 명령을 어긴 것이냐?"

제갈량은 낮고 준엄한 목소리로 말했다.

"죄송하옵니다. 저의 무례를 용서치 마시옵소서."

마속은 납작 엎드려 대죄를 청했다. 전쟁에서 패한 장수는 유구무언이다. 오직 윗사람의 처분만을 기다릴 수밖에 없다.

"네 죄를 분명 네가 알렸다!"

제갈량은 다시 한 번 물었다.

"네. 그러하옵니다."

마속은 고개를 숙인 채 말했다.

"좋다. 내가 어떤 형벌을 내리더라도 나를 원망하지 마라."

"네, 군사 어른."

마속은 자신의 잘못을 시인하였다. 제갈량은 자신이 너무도 아끼는 참모였지만, 일벌백계의 심정으로 그를 참하라는 명령을 내렸다.

"저 죄인을 참하라!"

제갈량의 말이 떨어지기가 무섭게 마속의 목이 날아갔다. 그는 마속의 죽음 앞에 마음이 쓰리고 아팠지만, 공명정대한 군율을 위해 마속의 목을 베고야 말았다. 그는 누구라도 잘못을 하면 엄한 벌을 받는다는 사실을 널리 알림으로써 실수를 줄이고 끝까지 최선을 다하는 마음을 심어 주고자 했다.

장졸들은 제갈량의 엄격함에 게으름을 피우는 일이 없었고, 맡은 일에 책임을 다하는 자세를 갖추었다. 결과적으로 촉나라는 제갈량의 엄격함으로 더욱 강성해졌다.

"큰 공적이나 법, 기준을 지키기 위해서는 사사로운 정에 매이지 않고, 사랑하는 사람이라도 가차 없이 엄벌해야 한다."

고사성어로는 읍참마속泣斬馬謖이라고 하는데 제갈량이 그토록 아끼는 마속을 엄벌한 후 생긴 말이다. 나라의 질서를 위태롭게 하거나 법을 어기는 자는 그가 누구든 정에 매이지 않고, 준엄하게 심판함으로써 기강을 바로 잡아 부국강성을 이룬다는 뜻이다. 공과 사를 엄격하게 구분했던 제갈량의 인품이 잘 드러나는 말이다.

019

세상의 빛이 될 아이들을 보면
고민하며 지샌 밤이 조금도 아깝지 않다

> 언젠가 세상에 빛이 될 아이들을 보면
> 손익 균형을 맞추기 위해 고민하면서 지새운
> 며칠 밤이 조금도 아깝지 않다.
> _ 마르바 콜린스

마르바 콜린스 Marva Collins(1930~현재)
교육자

"언젠가 세상에 빛이 될 아이들을 보면 손익 균형을 맞추기 위해 고민하면서 지새운 며칠 밤이 조금도 아깝지 않다."

미국 사회에 참 교육의 의미를 보여 주며 큰 감동을 불러일으킨 마르바 콜린스의 말이다. 그녀는 한때 미국 시카고에서 교사로 일했다. 그녀가 근무하던 학교의 주변은 범죄와 약물 중독으로 들끓었다. 도무지 공부와는 거리가 먼 곳이었다. 주변 환경이 이렇다 보니 학교를 그만둔 아이들은 길거리를 헤매며 떠돌았다.

마르바 콜린스는 절도를 일삼는 아이, 폭력에 휘둘리는 아이, 싸움에 빠져드는 아이들을 보며 결심했다. 아이들을 위해 자신의 인생을 바치기로 한 것이다. 그녀는 1975년 학교를 설립했다. 입학한 학생들 대부분은 일반 학교에서 쫓겨난 소위 문제아들이었다.

마르바 콜린스는 자신의 신념을 실천에 옮겼다. 그녀는 학생들에게 4학년 때부터 셰익스피어와 에머슨의 글을 읽게 했다. 책과 담을 쌓고 지내서인지 아이들은 그녀의 교육 방침에 잘 적응하지 못했다. 그녀는 인내심을 가지고 아이들에게 책 읽기의 중요성을 가르치며 독려했다.

아이들이 차츰 책 읽기에 흥미를 보이기 시작했다. 아이들의 변화를 보며 그녀는 자신의 교육 방법에 확신을 갖게 되었고 더욱 열정을 쏟았다. 처음 얼마간은 사람들로부터 쓸데없는 일에 열중한다고 손가락질을 받았지만 아랑곳하지 않고 신념대로 최선을 다해 아이들을 가르쳤다.

그녀 역시 사람인지라 힘에 겨워 주저앉아 눈물을 흘릴 때도 있었다. 재정난으로 학교의 문을 닫아야 하는 상황에 놓인 적도 있었다. 그녀는 위기를 극복해 반드시 주위를 깜짝 놀라게 하는 결과를 낼 것이라 믿으며 자신을 다잡았다.

지성이면 감천이라는 말처럼 그녀의 노력으로 아이들은 몰라보게 달라졌다. 그녀를 조롱하던 사람들 역시 놀라움을 감추지 못했다. 그녀의 굳은 신념이 만들어 낸 결과였다.

미국 정부는 그녀의 혁신적인 교육 철학에 크게 감동해 교육부 장관직을 제의했다.

"콜린스, 우리는 당신의 교육 철학을 존중합니다. 그동안 당신이 쌓은 노하우를 미국 사회의 교육 발전을 위해 활용해 주셨으면 합니다. 당신에게 교육부 장관직을 제의하니 허락해 주시기 바랍니다."

"정부의 뜻을 존중합니다. 그러나 저는 교육부 장관을 맡을 생각이 없습니다."

그녀는 정중하게 거절 의사를 밝혔다.

"그 이유가 무엇입니까?"

당연히 받아들일 것이라 생각한 정부의 당국자는 그녀의 거절에 당황하며 거절의 사유를 물었다. 그녀는 대답대신 빙그레 미소만 지을 뿐이었다.

그녀가 명예로운 장관직을 거절한 이유는 아주 소박했다. 아이들을 직접 가르치는 일이 더 가치 있고 행복한 일이었기 때문이다. 그녀에게 교사로서의 일은 가장 아름다운 일이며, 삶의 기쁨이었다. 불우한 환경에 처한 아이들을 위해 학교를 설립해 자신만의 교육철학으로 참 교육이 무엇인지 보여 준 마르바 콜린스. 그녀에게 교직이 아닌 다른 일은 의미가 없었다. 그녀야말로 교육의 가치를 실천한 개혁자이자 참된 교육자이다.

020
마누라와 자식만 빼고
다 바꿔라

마누라와 자식만 빼고 다 바꿔라.
_ 이건희

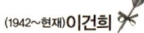

(1942~현재) 이건희
삼성전자 회장
국민훈장 무궁화장(2000), 프랑스 레지옹 도뇌르 훈장(2004) 수훈 외
저서 《생각 좀 하며 세상을 보자》

"마누라와 자식만 빼고 다 바꿔라."

이건희 회장이 한 말로 한때 많은 사람들에게 회자되었다. 이 말에는 다음과 같은 사연이 담겨 있다.

이건희는 1993년 6월 7일 독일 프랑크푸르트에서 삼성 임직원들을 소집시켰다. 그는 프랑크푸르트로 오기 전 일본 오쿠라 호텔에서 사장단 및 중역들과 회의를 하였다. 그 자리에는 후쿠다 타미오라는 삼성전자 디자인 고문도 함께 있었다. 회의를 마친 이건희는 후쿠다 타미오 고문과 몇몇 일본인 고문을 따로 불러 삼성전자를 보고, 느낀 것을 기탄없이 말해 달라고 했다. 그의 제안에 고문들은 자신들이 보고 느낀 것을 직언했다. 이때 후쿠다 타미오는 자신이 미리 작성한 보고서를 이건희에게 건네주며 말했다.

"이것이 무엇입니까?"

"삼성전자에 대해 제가 보고 느낀 것을 작성한 것입니다. 한번 읽어 보십시오."

"그래요. 그렇게 하지요."

이건희는 다음 날 프랑크푸르트로 가는 비행기 안에서 보고서를 읽었다. 보고서의 주요 내용은 아무리 문제점을 제시해도 도통 받아들여지지 않는다는 것이었다. 삼성전자는 많은 문제점을 안고 있어 지금 이대로 가면 절대로 성공할 수 없다는 의견도 제시되어 있었다. 보고서를 읽고 난 이건희의 표정이 일그러졌다.

"대체 이 사람들은 무슨 생각으로 일을 하는 거야."

그는 이렇게 중얼거리며 분노했다. 이건희를 분노하게 한 것은 그것만이 아니었다. 삼성그룹 사내 방송팀이 제작한 비디오 테이프가 그에게 전달되었는데, 삼성전자의 세탁기 조립 과정을 담은 30분짜리 영상물이었다.

세탁기를 조립하는 과정에서 납품된 세탁기 뚜껑 여닫이의 플라스틱 부품이 크기 차이로 맞지 않자 현장 직원은 거리낌 없이 칼로 도려낸 뒤 조립했다. 작업 방식은 다른 사람이 와도 마찬가지였다. 부품의 결점을 대수롭지 않게 여기는 직원들의 태도에 이건희는 분노와 실망감을 감출 수 없었다. 그는 서울 본사 비서실에 전화를 걸어 사장들과 임원들을 프랑크푸르트로 집결시키라고 지시했다.

임직원들을 소집시킨 자리에서 그의 표정은 금방이라도 무슨 일을 벌일 것처럼 심각했다. 잔뜩 얼어붙은 회의장 분위기에 임직원들은 잔뜩 긴장했고 이건희는 날이 선 목소리로 말했다.

"내가 그동안 품질 경영에 대해 그렇게 말했건만 이것이 제대로 된 질質경영입니까? 대체 그동안 무슨 생각으로 일을 해왔습니까? 이렇게 해가지고 어떻게 우리 삼성이 새롭게 변화할 수 있겠습니까?"

이건희의 눈에서 분노의 불길이 치솟았다. 뒤이어 그는 공장가동을 중단하는 일이 있더라도 올해 안으로 품질을 세계 수준으로 끌어올리라고 지시했다. '마누라와 자식만 빼고 다 바꾸라'는 말도 여기서 나온 말이다. 그로부터 20년이 흐른 지금 삼성은 비약적인 발전을 이루었다.

현재 삼성의 브랜드 가치는 전 세계가 인정할 정도로 성장했으며 세계 경제 중심에 우뚝 선 글로벌 기업이 되었다. 삼성의 눈부신 성장은 변화만이 살길이라며 목에 힘주어 외치던 그날의 결과이다.

021

네게 그렇게 하면 기분이 어떨 것 같니

지금도 나는 어머니가 내게 강조한 간단한 원칙 '네게 그렇게 하면 기분이 어떨 것 같니?'라는 말을
정치 활동의 지침 중 하나로 삼고 있다. 만일 CEO가 직원들의 입장에서 생각한다면
그들의 건강보험 지원비를 삭감하면서 수백만 달러의 상여금을 챙기기는 어려울 것이다.
노동조합 지도자들은 경쟁에서 살아남아야 한다는 사용자의 압박감을 외면해서는 안 된다.
내가 조지 부시와 아무리 생각이 다르더라도 그의 시각에서
국제 상황을 바라보도록 노력해야 한다. 공감이란 바로 이런 것이다.
_버락 오바마

버락 오바마 Barack Hussein Obama(1961~현재)
미국 제44대, 45대 대통령
2012년 〈타임지〉 세계에서 가장 영향력 있는 100인 선정. 노벨평화상 수상(2009)

미국 최초의 흑인 대통령으로 재선에 성공한 버락 오바마. 그가 백인들이 주도하는 미국 사회에서 대통령 선거에 민주당 후보로 출마하여 공화당 후보인 존 매케인을 압도적인 표 차이로 누르고 대통령으로 당선 된 것은 기적과도 같은 일이었다. 그의 역량이 미국 사회에서 인정되었기에 가능한 일이었다.

오바마가 자신의 역량을 유감없이 보여 준 사례는 지금도 전

세계인의 기억 속에 뚜렷하게 남아있다. 2007년, 그는 민주당 대통령 후보 예비 선거에서 힐러리 클린턴과의 경쟁에서 승리를 거두고 민주당 대통령 후보가 되었다.

누구도 그의 승리를 장담하기 어려운 상황이었다. 그의 경쟁 상대는 빌 클린턴 전 대통령의 부인이자 미국 사회에서 가장 영향력 있는 여성으로 손꼽히는 힐러리였기 때문이다. 마침내 그는 흑인이라는 핸디캡을 극복하고 보란 듯이 승리를 거두었다. 그 후로 4년이 지난 뒤 오바마는 2012년 11월 대통령 선거에서 공화당 후보 롬니를 큰 표 차이로 누르고 재선에 성공하며 전 세계에 자신의 존재감을 알렸다.

오바마가 재선에 성공한 대통령이 될 수 있었던 것은 출중한 능력 외에도 사람들로부터 공감을 이끌어 내는 데 탁월했기 때문이다. 그는 상대방을 이해하고 공감하는 자세를 취함으로써 대중에게 좋은 이미지를 심어 주었다. 상대를 배려하는 그의 태도는 그가 자라 온 성장 배경을 보면 알 수 있다.

어린 시절 그는 자신의 피부 색깔이 어머니와 다른 것을 보며 정체성의 혼란을 겪었다. 아버지는 케냐에 거주하고 있어 어머니의 보살핌 아래서 자라야 했는데 거기에 피부색 때문에 받는 차별이 가중되면서 그의 정신적 고통은 말로 다 할 수 없을 정도였다.

그는 자신이 겪은 차별을 통해 피부가 다르고 문화가 다른 사람들과 어울리면서 새로운 인식을 갖게 되었다. 다양한 민족이 함께 조화를 이루어 폭넓은 문화를 즐기며 사는 것이야말로 진정한 삶이라고 생각했다. 그는 폭넓은 세계관을 품고 세상을 긍정적으로 바라보았다. 그는 용서와 화해, 함께 더불어 사는 것이 진정한 삶이라고 굳게 믿으며 문제가 발생하면 먼저 상대의 관점에서 생각했다.

오바마는 정계에 입문하기 전 지역사회 운동을 벌이며 인권 변호사로 활동했었다. 그는 어려운 시민들에게 용기와 희망을 주었다. 그의 실천적인 삶은 시민들에게 좋은 이미지를 심어 주었고, 자신 역시 삶을 통해 행복해 했다. 그가 행한 모든 일들은 새로운 길을 선택하는 데 소중한 계기가 되었다.

그가 사회 활동을 통해 경험한 일들은 정치에 발을 들여놓았을 때 귀한 자산이 되었다. 그는 자신의 깨달음을 다음과 같이 표현했다.

"지금도 나는 어머니가 내게 강조한 간단한 원칙 '네게 그렇게 하면 기분이 어떨 것 같니?'라는 말을 정치 활동의 지침 중 하나로 삼고 있다. 만일 CEO가 직원들의 입장에서 생각한다면 그들의 건강보험 지원비를 삭감하면서 수백만 달러의 상여금을 챙기기는 어려울 것이다. 노동조합 지도자들은 경쟁에서 살아남아야 한다는 사용자의 압박감을 외면해서는 안 된다. 내가 조지 부시와 아무리 생각이 다르더라도 그의 시각에서 국제 상황을 바라보도록 노력해야 한다. 공감이란 바로 이런 것이다."

오바마는 상대의 관점에서 바라보는 것이야말로 공감을 형성하는 최상의 방법이라고 생각했다. 그는 깨달음을 바탕으로 다수의 지지와 공감을 형성해 대통령이 되었고 자신의 인생을 성공의 길로 이끌어 낼 수 있었다.

022

사람들이 성공하지 못하는 이유는 기회가 문을 두드릴 때 뒤뜰에 나가 네 잎 클로버를 찾기 때문이다

수많은 사람들이 성공하지 못하는 이유는 기회가 문을 두드릴 때
뒤뜰에 나가 네 잎 클로버를 찾기 때문이다.
_ 월터 크라이슬러

(1875~1940)Walter Percy Chrysler 월터 크라이슬러
크라이슬러사 창업주

세계적인 자동차 회사이자 미국 자동차의 '빅쓰리' 중 하나인 크라이슬러사를 창립한 월터 크라이슬러. 그는 어린 시절부터 기계에 대해 관심이 많았다. 특히 기계 분해에 흥미가 있어 회사를 다니면서도 틈틈이 기계를 분해하고 조립하며 연구에 몰두했다.

그러던 어느 날 그에게 삶을 변화시키는 기회가 찾아왔다. 시카고에서 개최된 자동차 전시회에 참석하게 된 것이다. 반짝반짝

빛을 내며 아름다운 자태를 뽐내고 서 있는 자동차를 보는 순간 크라이슬러는 가슴이 두근거렸다. 사랑하는 사람을 만났을 때처럼 설렜다. 이후 그는 자동차의 매력에 푹 빠져 버렸다.

당시 그의 월급으로는 마음에 드는 멋들어진 자동차를 살 수 없었다. 그는 친구의 도움으로 은행에서 대출을 받아 원하는 차를 구입했다. 자동차가 집에 도착한 날, 마을 사람들 모두가 나와 차를 구경하면서 그를 부러워했다. 그는 만면 가득 미소를 머금고 창고 안으로 자동차를 몰고 들어갔다.

창고로 들어간 차는 몇 개월이 지나도 좀처럼 모습을 보이지 않았다. 크라이슬러는 퇴근 후에는 어김없이 창고로 달려가 잠자는 것도 잊은 채 차를 분해하며 연구에 몰두했다. 자동차의 원리를 배우려는 그의 집념은 대단했다. 아내는 그에게 투정을 부렸고, 자동차 엔진 소음으로 잠을 설치게 된 주민들 역시 불만을 토로했지만 그의 연구를 막지는 못했다.

그가 연구에 몰두한 지 3개월이 지났을 때였다. 그는 밤낮 없이 창고에서 자동차와 씨름한 끝에 자동차 원리의 전문가가 되었다. 깜깜한 한밤중에 불이 없어도 분해와 조립을 완벽하게 해냈다.

자동차를 시험 운전하는 날 근처에는 많은 사람들로 북적였다. 사람들은 그를 부러운 눈으로 바라보았다. 마을 사람들의 부러움을 한 몸에 받으며 크라이슬러가 시동을 거는 순간 차는 요란한 굉음을 내며 움직였고 놀란 구경꾼들은 혼비백산하며 도망쳤다. 그는 채소밭으로 굴러 떨어진 차를 끌어다가 연구를 재개했다.

크라이슬러는 포기하지 않고 연구해 멋지게 시험 운전에 성공했다. 그러던 어느 날 크라이슬러에게 뜻밖의 기회가 찾아왔다. 뷰익 자동차 회사의 중역으로부터 공장 지배인으로 와달라는 제의를 받은 것이다. 기회는 이때다 싶어 크라이슬러는 회사를 그만두고 뷰익 자동차에서 일을 시작했다. 당시 뷰익의 생산량은 포드 자동차 회사에 비해 한참 뒤처져있었다. 생산량으로는 도저히 포드를 따라잡기 어려워 전략을 바꾸었다. 크라이슬러는 대량 생산을 포기하고 원가를 줄이는 데 치중했고 마침내 성공을 거두었다.

뷰익 자동차 회사의 사장으로 발탁된 크라이슬러는 경영에 더욱 박차를 가하며 자신의 능력을 키워 나갔다. 회사 경영에 자신감을 갖게 된 그는 자신의 이름을 따 크라이슬러 자동차 회사를 창립하고 사장으로 취임해 획기적인 경영 혁신과 기술 개발로 큰 성공을 거두었다. 크라이슬러의 끈질긴 집념, 꾸준한 연구, 소신 있는 결단력은 그를 성공의 길로 이끌었다.

"수많은 사람들이 성공하지 못하는 이유는 기회가 문을 두드릴 때 뒤뜰에 나가 네 잎 클로버를 찾기 때문이다."

노력 없이 요행을 바라는 사람들에게 크라이슬러가 한 말이다. 진정한 성공은 요행에서 오는 것이 아니라 노력과 열정에서 온다는 것을 명심해야 한다.

023

꿈 꿀 수 있는 것은 무엇이든 이룰 수 있다

꿈 꿔라.
꿈 꿀 수 있는 것은 무엇이든 이룰 수 있다
_ 괴테

요한 W. 본 괴테 Johann Wolfgang von Goethe(1749~1832)
시인, 작가, 과학자, 정치가, 독일 고전주의 문학의 대표
주요 작품 《파우스트》, 《젊은 베르테르의 슬픔》, 《이탈리아 기행》 외

독일이 낳은 최고의 지성이자 대문호 요한 괴테. 그는 다양한 직업을 가졌다. 시인, 변호사, 소설가, 정치인, 외교관, 생물학자 등 그는 다방면에서 천재성을 발휘했다. 그가 다방면에 걸쳐 두각을 나타낼 수 있었던 것은 타고난 재능 외에도 꿈을 이루기 위한 노력과 열정이 뒷받침되었기 때문이다. 그의 업적은 끈기와 집념이 이룬 성과이다.

괴테는 아버지의 권유로 대학에서 법학을 전공하고 고향에 내려와 20대 초반에 변호사로 개업했다. 당시 그는 법률보다 문학에 관심이 있어 여러 문학가들과 교제했다. 그는 문인들과의 교류를 통해 폭넓게 독서하며 다양한 장르의 문학작품을 습작했다. 당시 문학 활동은 그의 삶 전반을 결정하는 중요한 계기가 되었다.

괴테가 업무상 베츨라르에 머무를 때였다. 괴테는 요한 케스트너라는 친구를 사귀면서 그의 약혼녀인 샤를로테 부프에게 첫눈에 반해 사랑에 빠졌다. 이후 고향으로 돌아간 그는 안타까운 비보를 듣게 되었다. 이루지 못한 사랑에 힘들어 하던 친구가 자신의 처지를 비관하고 자살한 것이다. 당시 괴테는 친구와 자신의 아픔을 소설《젊은 베르테르의 슬픔》에 담았다. 그는 이 작품으로 작가로서 명성을 얻었다.

괴테는 독일적 개성해방 문학 운동인 '슈투름 운트 드랑'의 중심인물로서 활발한 창작 활동을 보였다. 그의 문학 성향은 다소 진보적이었다. 그는 문단의 물의를 외면하고 이야기시를 썼는데, 그의 이런 시도는 문학에 대한 모험 정신과 열정을 그대로 보여준다. 문학에 대한 그의 열정은《파우스트》에서 정점을 찍는다. 그는《파우스트》를 스물세 살에 쓰기 시작해서 여든 두 살에 탈고했다. 한 작품을 쓰는 데 무려 59년이 걸린 것이다. 참으로 대단한 인내심과 끈기가 아닐 수 없다.

만년에 괴테의 문학 활동 중 가장 특징적인 것은 세계문학의 제청과 실천이다. 당시 그는 유럽 문학의 최고 위치에 있었다. 그럼에도 문학에 대한 그의 열정과 예술 정신은 고령의 나이가 무색

할 정도로 끝없는 창작활동의 세계로 그를 이끌었다.

괴테는 자신의 성공에 대해 묻는 이들에게 이렇게 말했다.

"꿈 꿔라. 꿈 꿀 수 있는 것은 무엇이든 이룰 수 있다."

이 말은 많은 사람들에게 용기와 희망을 불어 넣는다. 그가 남긴 말은 철저히 자신의 경험을 통한 것이었다. 그는 다방면에 걸친 천재적인 재능이 있었음에도 자신을 게을리하는 법이 없었다. 우쭐대거나 경망스럽게 굴지 않았다. 그는 일을 하는 순간만큼은 최선을 다했다. 뛰어난 천재성을 유감없이 발휘한 괴테. 그는 세계문학사에 길이 남을 위대한 작가이다.

024
신념이야 말로 가장 빛나는 성공의 원천이다

자기 자신을 믿어라. 자기의 재능을 인정하라.
자신의 능력에 겸손하고 확고한 신념이 없다면 성공할 수 없고 행복할 수 없다.
신념이야 말로 가장 빛나는 성공의 원천이다.
_노만 빈센트 필

(1898~1993)Norman Vincent Peale **노만 빈센트 필**
목사, 저술가, 자기 계발 동기부여가
저서 《적극적인 사고방식》, 《세상과 나를 움직이는 삶의 기술》 외

자기 계발 동기부여가이자 강연가, 《적극적인 사고방식》으로 유명한 노만 필 박사의 사무실에 상담을 받기 위해 한 중년 남자가 찾아왔다. 그는 피곤해 보였고 지친 모습을 하고 있었다. 그는 잠시 생각하더니 입을 열었다.

"박사님, 저는 수십 년 동안 공들여 쌓아 온 사업을 한순간에 날려 버렸습니다."

"그래요. 남은 것이 하나도 없습니까?"
필 박사가 말했다.
"네. 저는 이제 희망이 없습니다."
남자는 울먹이며 말했다.
"잘 생각해 보십시오. 분명 남은 것이 있을 것입니다."
남자가 대답하지 못하고 머뭇거리자 박사는 재차 물어보았다.
"부인은 살아계십니까?"
"네. 제 아내는 30년이 지난 지금까지도 변함없이 제 곁을 지키고 있습니다."
"그래요. 아이들은 어떤가요?"
"아이는 셋 인데 모두 공부를 잘 합니다. 아이들은 제게 좋은 아버지라고 말해 주며 저를 기쁘게 합니다."
"그래요. 친구들은요?"
"의리 있는 친구 몇 명이 있습니다. 지금도 저를 도와주겠다고 하는데, 사실 어떤 도움이 될지는 잘 모르겠습니다."
"혹시 나쁜 일을 한 적이 있나요? 건강은 어떤가요?"
"나쁜 일을 한 적은 없습니다. 건강도 아직은 괜찮습니다."
"그래요. 좋습니다."
필 박사는 자신이 메모한 종이를 남자에게 건네주었다. 종이에는 이렇게 적혀 있었다.

당신이 가진 재산목록
1. 훌륭한 아내

2. 힘이 되는 사랑스러운 아이들
3. 도움을 주겠다는 의리 있는 친구들
4. 정직한 마음
5. 건강한 몸

"어때요. 아직도 당신이 많은 것을 잃었다고 생각 되나요?"
필 박사의 말을 듣고 남자가 부끄러운 듯이 웃으며 말했다.
"그러고 보니 제 형편이 그렇게 나쁜 것 같지만은 않네요."
"그래요. 지금 당신의 상황은 충분히 희망적입니다. 자신감을 잃지 않고 최선을 다한다면 말이죠. 당신은 할 수 있습니다. 나는 당신이 재기할 것을 믿습니다."
"정말 제가 재기 할 수 있을까요?"
남자의 간절한 물음에 필 박사는 힘주어 대답했다.
"자기 자신을 믿으세요. 자신의 재능을 인정하고 자신의 능력에 겸손해 하세요. 확고한 신념이 없다면 성공할 수 없고 행복할 수 없습니다. 신념이야 말로 가장 빛나는 성공의 원천입니다."
필 박사는 어떤 순간에서도 자신을 믿어야 한다고 강조했다. 자신의 능력을 믿으며 해낼 수 있다는 확고한 신념을 갖는 것이야 말로 가장 확실한 재기의 비결이라고 했다. 순간 필 박사를 바라보는 남자의 눈빛에 생기가 돌며 입가에 미소가 번졌다. 마치 사막 한가운데서 오아시스를 만난 것처럼 기쁨에 가득 찬 얼굴이었다. '자신을 믿는 것'이라는 평범한 진리가 한 사람의 인생을 절망에서 희망으로 건져 올리는 순간이었다.

025
중요한 임무는 가까이 있는 분명한 것을 실천하는 것이다

우리들의 중요한 임무는 멀리 있는 것이 아니라, 희미한 것을 보는 것이 아니라,
가까이 있는 분명한 것을 실천하는 것이다.
_토마스 칼라일

토마스 칼라일 Thomas Carlyle(1795~1881)
사상가
저서 《프랑스 혁명사》, 《과거와 현재》 외

    영국의 위대한 사상가이자 《프랑스 혁명사》의 저자인 토마스 칼라일. 그의 학구열은 누구보다 뜨거웠다. 그는 15세에 에든버러대학에 입학했으나 자신의 학문적 열정이 충족되지 않자 학교를 그만두었다. 학교를 그만둔 그는 학문과 삶에 대해 스스로 읽고 쓰며 탐구했다. 욕구가 충족 되지 않을 때의 고뇌와 방황은 그에게 또 다른 방식의 공부였다. 그는 언제나 자기 주도적으로 학

습하며 학문에 대한 강한 근성과 욕망으로 충만했다. 그는 눈에 보이지 않는 막연한 것을 추구하기보다 현재 자신이 보고, 생각하고, 느끼는 것을 통해 새로운 것을 추구했으며 시도했다. 그의 현실적인 눈은 그가 한 말에도 잘 나타나 있다.

"길을 가다 돌을 만나면 약자는 걸림돌이라 하고 강자는 디딤돌이라고 한다."

디딤돌은 적극성을 의미한다. 어떤 장애물도 밟고 넘어가겠다는 굳센 의지는 극한 상황에서도 좌절하지 않고 끊임없이 시도하게 함으로써 놀라운 성과를 이루게 했다. 그것에 대한 이야기이다.

칼라일은 7년에 걸쳐 탈고한《프랑스 혁명사》원고를 친구이자 철학자인 존 스튜어트 밀에게 읽어 보라고 건네주었다. 여기서 문제가 생기고 말았다. 존 스튜어트 밀은 서재에서 원고를 읽다가 너무 피곤한 나머지 침실로 가서 잠이 들었다. 다음 날 아침 하녀는 청소 중 방에 흐트러진 원고를 파지로 착각하여 모두 난로에 집어넣어 버렸다. 7년 동안 공들여 쓴 수천 쪽에 달하는 원고가 한순간에 사라지게 된 것이다.

자초지종을 들은 존 스튜어트 밀은 사색이 되어 칼라일에게 사실대로 말했다. 칼라일은 뒤통수를 얻어맞은 것처럼 멍하니 서서 아무 말도 하지 못했다. 극도로 상심한 칼라일은 끼니도 거르고 잠도 잊은 채로 지내게 되었다.

그러던 어느 날 집 짓는 사람들이 벽돌을 쌓는 것을 보고 그는 깨달음을 얻었다. 한 번에 한 장씩 쌓아 올리는 벽돌을 보며 자신도 기억을 되살려 한 장씩 차분하게 다시 쓰기로 마음먹은 것이다. 그는 다시 원고를 쓰기 시작했고 마침내 그토록 바라던 《프랑스 혁명사》를 출간했다. 다시 쓴 원고는 처음의 원고보다 훨씬 좋아졌다고 한다.

칼라일은 능동적이고 적극적인 사람이었다. 그에게 허투루 낭비하는 시간이란 없었다. 그는 시간 낭비를 인생을 소비하는 일이며 스스로의 삶을 좀먹는 일이라고 여겼다. 그는 〈오늘〉이라는 시에서 자신의 시간관념을 드러냈다. 시 〈오늘〉의 주제는 '오늘'은 한 번 지나가면 두 번 다시 오지 않는다는 것이다.

지금 이 순간, 오늘이라는 시간을 잘 보내야 한다. 그것이 인생을 보람되게 하는 일이며 스스로에게 부끄럽지 않은 일이다. 그는 현재를 소중히 여기며 나태함을 용납하지 않았다. 그는 원하는 것이 있으면 곧바로 실천에 옮겼다. 그는 자신의 신념에 대해 다음과 같이 말했다.

"우리들의 중요한 임무는 멀리 있는 것이 아니라, 희미한 것을 보는 것이 아니라, 가까이 있는 분명한 것을 실천하는 것이다."

다가 올 내일이 아닌, 오늘을 충실하게 사는 것. 그것이 자신의 꿈에 가까워지는 길임을 명심해야 한다.

026
나는 1센티미터만 전진하려고 해도
싸워야 했다

나는 1센티미터만 전진하려고 해도 싸워야 했다.
_마가렛 대처

(1925~2013)Margaret Hilda Thatcher 마가렛 대처
영국 총리(1979~1990)
최초의 여성 보수당 당수, 남작 작위, 가터훈장 수훈

영국의 역대 수상 가운데 최초로 3선을 연임한 마가렛 대처. 우리는 그녀를 철의 여인이라 부른다. 그녀는 옥스퍼드서머빌대학을 졸업하고, 독학으로 공부해 변호사 자격을 취득했다. 이후 보수당 소속으로 하원의원에 당선됐다. 그녀는 기나긴 공직 생활 끝에 1975년 여성으로서는 영국 최초로 보수당 당수가 되었다. 1979년 총선거에서는 보수당의 승리로 영국 최초의 여성 총리가 되는 영광을 품에 안았다. 대처는 카리스마 넘치는 여성이었다. 그녀의 카리스마에 얽힌 일화가 있다.

대처가 집권 후 긴축재정을 실시할 때였다. 그녀는 영국 경제의 불황을 고질적인 노조 문제로 여기고 개혁의 바람을 일으키려 했지만, 주위의 많은 이들이 반대했다. 역대 총리들도 해내지 못한 힘든 일이라는 이유에서 였다. 반대 의견을 듣고 나서 주위를 둘러본 뒤 그녀는 단호하게 말했다.

"지금까지는 하지 못했습니다. 그렇기 때문에 더더욱 해야 합니다. 이것이 나의 생각입니다."

당찬 그녀의 태도 앞에 누구도 더는 반대 할 수 없었다. 그녀의 말이 맞는 말이었기 때문이다. 그녀는 반대파들을 굴복시키며 골칫거리였던 노조를 와해시키는 데 성공했고 마침내 침체되어 있던 영국 경제를 부흥시켰다.

나른 일화도 있다. 1982년 아르헨티나와 벌인 포틀랜드 전쟁 때 일이다. 당시 아르헨티나는 영국령인 포틀랜드를 자국의 영토라고 주장하며 영국에게 도전장을 내밀었다.

"아르헨티나가 우리에게 도전을 했습니다. 우리의 강력한 힘을 보여 주어야 합니다. 지금 즉시 공격을 단행하십시오."

대처는 한 치의 망설임도 없이 공격 명령을 내렸다. 그녀의 예상대로 전쟁은 싱겁게 끝났다. 기세등등했던 아르헨티나가 꼬리를 내리고 항복한 것이다. 이 전쟁으로 대처는 국민들로부터 절대적인 지지와 신임을 얻었다. 대외적으로는 영국의 힘을 보여 주며 강력한 정치가로 부상하는 계기가 되었다.

그녀의 통찰력은 정책 수립에서도 빛을 발했다. 그녀는 국가 예산을 잡아먹는 공공기관에 대해 과감하게 민영화를 시도했다. 교육 및 의료 등 공공분야의 국고지원을 삭감하는 등 획기적인 정책을 실시했다. 그녀의 과감한 정책은 고질적인 문제를 단숨에 해결하며 성공적으로 매듭지었다.

그녀는 대찬 개혁을 통해 '대처리즘'이란 신조어를 만들어 내며 철의 여인이라는 별칭을 얻었다. 그녀가 정부에 산적해 있는 수많은 일들을 처리하며 국가의 안정을 도모했을 때, 아르헨티나와 벌인 포틀랜드 전쟁에서 승리했을 때, 영국 국민은 대처를 연호하며 사랑과 존경을 표했다. 그녀는 자신의 신념에 대해 이렇게 말했다.

"나는 1센티미터만 전진하려고 해도 싸워야 했습니다."

대처의 신념과 의지를 함축적으로 담고 있는 말이다. 대처는 자신을 가로막는 장애물 앞에서 쉽게 물러서는 법이 없었다.

027
믿음이 능력을 만든다

할 수 있다는 믿음을 가지면 그런 능력이 없을지라도
결국에는 할 수 있는 능력을 갖게 된다.
_마하트마 간디

마하트마 간디 Mahatma Gandhi(1869~1948)
민족운동 지도자
저서 《인도 자치》, 《윤리종교》

영원한 평화주의자 간디. 그는 자신의 조국 인도가 영국의 식민지라는 사실에 늘 가슴 한쪽이 서늘하였다. 그는 이따금씩 조국을 위해 무언가를 해야 한다는 생각에 사로잡혔지만, 늘 생각뿐이었다. 그랬던 그의 인생이 180도로 달라지게 된 계기는 다음과 같다.

1893년 간디는 남아프리카공화국의 나탈로 변호사로 부임하게 되었다. 부임 후 그가 업무를 마치고 열차를 타려던 때였다. 그는 백인들에게 제지를 당했고 변호사 자격증을 보였으나 문밖으로 내동댕이쳐지는 수모를 당했다. 이 일을 통해 그는 현지 인도인들의 고통을 알게 되었다. 백인들로부터 인종차별을 받은 후 간디의 소심했던 성격은, 대담하고 투철한 성격으로 바뀌었다. 이후 그는 당시 남아프리카공화국에 있던 인도인 7만 명의 권리와 인종차별을 막아내기로 결심하였다.

간디는 인도 노동자들에 대한 학대 철폐를 주장하고 나섰다. 주 입법의원 선거에서 있었던 인도인의 선거권의 박탈 등에 항의하여 성공하며 명성을 얻었다. 간디는 남아공에 전쟁이 일어나자 귀국하여 야전 구호반을 조직하고 인솔하여 남아공으로 가서 부상 군인 간호에 전력을 다했다. 간디는 남아공의 트란스발 정부가 인도인 이민 제한을 위해 부과한 지문 등록을 거부하는 운동을 벌인 후, 수차례 투옥되었으나 세계의 여론을 끌어들여 정부를 굴복시키고 제도를 철회시켰다. 이 사건을 계기로 간디는 세계적으로 널리 알려졌다.

제1차 세계대전이 일어나자 간디는 1914년 인도로 귀국하였다. 이후 곧바로 노동운동, 민족 해방운동의 지도에 전념하였다. 간디는 영국에 대한 비협력운동 방침을 세우고 납세 거부, 취업 거부, 상품 불매 운동을 통한 비폭력 저항을 시작하였다. 비협력운동이 선언되고 불매운동은 성공하였지만, 인도 각지에서 유혈 사태가 일어났고 간디의 호소로 운동은 잠시 중단 되었다. 이 일로 간디는 투옥되었고, 석방된 후 인도국민회의 의장으로 있으면서 전국을 다니며 국민 스스로가 농촌 구제에 나설 것을 촉구했다.

간디는 다시 투옥되었다가 석방된 후 어윈 총독과 절충한 끝에 '간디어윈협정'을 체결하며 영국에 대한 불복종운동을 중지하였다. 그러나 약속을 어기고 영국인들이 인도인을 탄압하자 간디는 영국에 대한 불복종운동을 전개하여 다시 투옥되었다.

1932년 석방된 간디는 변함없이 자신의 의지를 불사르며 운동을 펼쳤다. 그러던 중 2차 세계대전이 일어났고, 영국은 무작정 인도를 전쟁에 투입시켰다. 간디는 투쟁을 벌이며 영국에 대항하였고 73세라는 나이에 투옥되어 1년 9개월 동안 옥고를 치렀다.

석방 후에도 인도의 독립을 위해 헌신하는 그의 모습에는 성자와 같은 의연함과 카리스마가 넘쳐 흘렀다. 조국의 독립을 향한 그의 열정에 마침내 영국이 손을 들었고, 독립의 기쁨을 온 국민이 함께 나누었다. 간디는 영국으로부터 독립할 수 있었던 이유에 대해 다음과 같이 말했다

"할 수 있다는 믿음을 가지면 그런 능력이 없을지라도 결국에는 할 수 있는 능력을 갖게 된다."

간디의 할 수 있다는 믿음은 무저항주의를 낳았고, 간디의 사상이라는 '간디주의'를 만들어 냈다. 그는 폭력 없이도 얼마든지 저항운동을 할 수 있다는 전례를 남긴 위대한 영웅이었다.

028
구하고 찾고
두드려라

구하라 그러면 너희에게 주실 것이요 찾으라 그러면 찾을 것이요
문을 두드리라 그러면 너희에게 열릴 것이니 구하는 이마다 받을 것이요
찾는 이가 찾을 것이요 두드리는 자에게는 열릴 것이니라.
_ 예수그리스도

(BC 4?~AD 30)Jesus Christ **예수 그리스도**

    예수라는 이름은 히브리어로 '하나님은 구원해 주신다.'라는 의미이며, 그리스도는 '기름부음을 받은 자' 라는 의미로 '구세주'를 뜻한다. 예수 그리스도는 전능하신 하나님의 독생자로 성령으로 잉태되어 동정녀 마리아의 몸에서 태어났다. 그는 아버지이신 하나님의 부름으로 이 세상에 왔고, 인류에게 사랑과 용서, 화해와 봉사하는 삶을 가르치며 하나님이 인간에게 주신 구원의

메시지를 전했다.

예수가 활동하던 시기에 이스라엘 사회는 뿌리 깊은 유다이즘에 빠져 있었다. 유대교의 핵심은 모세의 율법이다. 율법은 구약 시대로부터 내려 온 이스라엘의 역사이자 전통으로 유대 사회를 통제하는 규범으로 강한 응집력을 갖는다. 유대인들은 안식일을 철저하게 지키며 그날은 무교병(누룩이 들어가지 않는 빵)을 먹으며 검소하고 경건하게 보낸다. 그날은 아픈 환자가 발생해도 치료할 수 없으며 여행은 물론 율법에 반하는 행위는 철저하게 금했다. 어길 시에는 율법에 따라 응징했다.

그런데 예수는 율법에 반하는 행위를 아무렇지도 않게 했다. 안식일에도 환자를 치료해 주었다. 예수가 밀밭 사이로 지나가면서 배가 고파 이삭을 잘라 먹자 바리새인들이 항의했다. 그는 안식일은 사람을 위해 있는 것이지 사람이 안식일을 위해 있는 것이 아니라고 말하며 자신은 안식일에도 주인이라고 당당하게 말했다.

예수는 인간으로서 할 수밖에 없는 자연스러운 행동을 제재하지 않았다. 예수는 율법이나 그 어떤 것보다도 사람이 가장 소중하다고 여겼다. 예수의 사상과 철학의 핵심은 '사랑'이다. 예수는 인류 최고의 가치를 '사랑'이라고 보았다. 제사장들과 장로, 서기관과 바리새인들이 율법을 앞세워 철저하게 유대인들의 삶을 통제한 것과는 철저하게 대비되는 모습이다.

사랑에 입각한 예수의 말과 행동은 보수적인 유대 사회에서 획기적인 변화였고 혁신이었다. 율법의 통제 아래 살던 유대인들은 사랑과 존엄성을 추구하는 예수의 말과 행동에 깊은 감명을 받았다. 예수가 가는 곳마다 사람들이 구름 떼처럼 몰려들었고 사회적으로 큰 반향이 일어났다.

예수가 인간의 삶에서 사랑 다음으로 중요하게 생각한 것은 '구원'이다. 예수는 수시로 유대인들에게 자신은 하나님의 아들이며 세상을 구원하러 왔다고 강조했다. 예수는 용서도 매우 중요하게 생각했다.

"진실로 너희에게 이르노니 무엇이든지 너희가 땅에서 매면 하늘에서도 매일 것이요 무엇이든지 땅에서 풀면 하늘에서도 풀리리라. 진실로 다시 너희에게 이르노니 너희 중의 두 사람이 땅에서 합심하여 무엇이든지 구하면 하늘에 계신 내 아버지께서 그들을 위하여 이루게 하시리라."

용서는 용기 있는 자만이 할 수 있는 관대한 행위이다. 예수는 의로운 사람이 될 것을 강조했다. '의'는 개인의 삶은 물론 사회적 환경을 바르게 잡아줌으로써 질서를 유지하며 행복한 삶을 영위하는 척도가 된다.

예수는 '화평'에 대해서도 가르쳤다. 화평이란 조화롭고 평화로운 관계를 유지하며 발전시키는 삶의 중요한 요소이다. 화평이 깨지면 개인은 물론 사회적으로도 불합리한 일들이 많아진다. 화평은 더불어 살아가는 현대 사회에서 반드시 지켜야 하는 삶의 요소이다.

예수는 축복 받는 비결을 가르치며 다음과 같이 말했다.

"구하라 그리하면 너희에게 주실 것이요 찾으라 그리하면 찾아낼 것이요 문을 두드리라 그리하면 너희에게 열릴 것이니. 구하는 이마다 받을 것이요 찾는 이는 찾아낼 것이요 두드리는 이에게는 열릴 것이니라."

예수는 긍정적이고 능동적인 삶의 중요성을 강조했다. 긍정의 에너지로 가득 찬 사람은 불가능해 보이는 것도 능히 해내며 축복 받은 삶을 산다. 예수 그리스도의 가르침은 영원불변의 진리이며 삶의 희망이다.

029

한 걸음 한 걸음
나아가는 것

한 걸음 한 걸음 나아가는 것,
어떤 일을 하든지 목표를 달성하는 데 이보다 좋은 방법은 없다.
_마이클 조던

(1963~현재)Michael Jordan 마이클 조던
NBA 전 농구 선수, 샬럿 밥캐츠 구단주
1998년 NBA 올스타전 MVP, NBA 파이널 MVP, NBA 역대 최우수 선수로 평가

    120년 농구 역사에서 가장 위대한 선수로 평가받는 선수. 농구의 황제 마이클 조던이다. 그의 현란한 드리블은 예술에 가까우며 198센티미터의 장신을 이용해 내리꽂는 덩크슛은 보는 이들의 탄성을 자아내기에 충분하다.

    "신이 조던의 모습으로 변장하고 나타났다."

    보스턴의 농구 전설로 불리는 래리 버드가 한 말로 조던이 자

신의 팀을 상대로 혼자서 63점을 득점한 것에 대한 찬사이다. 조던은 상대의 선수가 극찬할 만큼 공수 양면에서 뛰어난 선수였다. 조던의 슛은 방향을 가리지 않았다. 슛의 각도를 읽어 내는 그의 능력은 단연 독보적이었다. 조던은 공격 기술도 뛰어났지만 민첩성과 돌파력, 퍼스트 스텝은 따라올 자가 없었다. 조던은 자신 보다 키가 큰 선수들을 뚫고 슛을 하는 데도 거침이 없었다. 그의 공격을 막는 것은 불가능에 가까울 정도였다. 그는 실력이 탁월한 선수였고 실력 못지않게 승부욕과 정신력 또한 강했다. 먹시 보그스는 조던에 대해 다음과 같이 말했다.

"내 생각에 조던은 농구 역사상 최고의 선수이다. 조던만큼 정신적으로 강인한 사람을 만나 본 적이 없다."

농구계 관계자들이나 선수들이 평가하는 조던은 '완벽' 그 자체이다. 그만큼 결점이 없는 선수가 조던이다.

조던은 자신에 대해 이렇게 말했다.

"나는 살아오는 동안 실패를 거듭했다. 하지만 이것이 바로 내가 성공할 수 있었던 이유이다."

다른 사람들은 자신에 대해 무결점 선수라고 말했지만 그는 스스로를 낮췄다. 그의 겸손한 태도는 그가 농구계의 신사, 인격자임을 증명한다. 조던은 최고의 선수였지만 자신을 낮춤으로써 사람들에게 좋은 이미지를 심어 주었다.

조던이 NBA 최고의 선수가 될 수 있었던 것은 천재적 재능 덕만은 아니었다. 그의 성공은 지치지 않는 열정으로 누구보다 열심히 피나게 연습한 결과였다. 농구선수로는 작은 키를 보완하기 위해 그는 하루에도 수백 번 씩 점프 연습을 했다. 꾸준한 점프 연습으로 다리의 근육을 키웠고 마침내 제자리에서 1미터를 뛸 수 있게 되었다. 그가 덩크 슛의 달인이 된 것과 자신보다 10센티미터나 더 큰 선수들을 제치고 공중 볼을 잡아낼 수 있었던 것은 피나는 노력의 결과다. 농구 천재의 다양한 공격 기술, 수비 기술은 피나는 연습의 결과이다.

조던은 자신의 성공 비결에 대해 묻는 사람들에게 말한다.

"한 걸음 한 걸음 나아가는 것, 어떤 일을 하든지 목표를 달성하는 데 이보다 좋은 방법은 없다."

조던이 농구 역사상 최고의 선수로 기억되는 것은 그가 실력과 정신력, 인품을 두루 갖추었기 때문이다.

030

성공이란, 끊임없이 노력하고 간절히 원하면 반드시 이뤄 낼 수 있다

성공이란, 끊임없이 노력하고 간절히 원하면 반드시 이뤄 낼 수 있다.
그것을 불굴의 의지라고 말한다.
_ 리 아이아코카

리 아이아코카 Lido Anthony Lacocca(1924~현재)
기업가, 포드 자동차 사장, 크라이슬러 자동차 CEO 역임

무너져 가는 크라이슬러 자동차 회사를 맡아 회생시킨 아이아코카. 그는 리하이 공대에서 학업에 열중하며 학창 시절을 보냈다. 그는 대학을 마치고 명문 프리스턴대학의 장학생으로 선발되어 석사과정을 공부했다. 석사과정을 마치고 나서는 그토록 꿈에 그리던 포드 자동차 회사에 엔지니어로 입사했다.

입사 후 엔지니어 분야 보다는 판매 부서에 매력을 느낀 그는

우여곡절 끝에 자동차 판매부 직원이 되었다. 각고의 노력 끝에 그는 지점장으로 승진하게 되었다. 그는 판매 일을 통해 구매자들의 동기를 살폈고 자동차 판매의 핵심은 판매 사원에 있음을 깨달았다. 판매 사원에 따라 실적이 달라지는 판매 경영의 원칙을 당시 경영자들은 알지 못했다. 경영자들은 판매 사원들을 기껏해야 자동차 판매의 대리인쯤으로 생각하고 그들을 업신여겼다. 리 아이아코카는 경영자들의 허점을 실무를 통해 예리하게 잡아냈다.

그는 판매 기법을 터득하기 위해 다양한 책을 읽고 선배들의 경험을 들었다. 판매 신장에 도움이 될 만한 것이라면 무엇이든 가리지 않고 자신의 것으로 만들었다. 의상과 화법에도 세심함을 기울였다. 엄격한 자기 관리 끝에 그가 터득한 판매 전략은 시장에 주효했다. 마침내 그는 실적을 인정받아 워싱턴 지역의 지배인으로 승진했다.

그는 타사와 차별화되는 자동차의 성능, 디자인이 자동차의 판매 실적을 높인다는 사실을 발견하고, 총지배인으로 승진해 자신의 계획을 실행했고 놀라운 성과를 거두었다. 그는 헨리 포드의 신임을 한 몸에 받으며 자신의 역량을 실현시킨 끝에 46세라는 젊은 나이에 포드 자동차의 사장이 되었다.

업계의 독주를 달리던 그는 사장으로 재직한지 8년 만에 믿고 따랐던 헨리 포드2세로부터 일방적인 해고 통지를 받고 허름한 창고 사무실로 쫓겨나야 했다. 처음 얼마 동안은 배신감에 몸서리치며 분노하고 삶에 회의를 느꼈지만 특유의 은근과 끈기는 놓지 않았다.

때마침 극심한 위기에 처한 크라이슬러 자동차 회사의 경영주가 그에게 경영을 맡아 달라고 손을 내밀었고 그는 주저 없이 수락하여 크라이슬러 자동차 회사의 사장이 되었다. 그는 사장으로 부임해 회사가 당장 해결해야 할 시급한 문제들을 지적했다.

불필요한 부서와 인력이 넘쳐나 업무의 신속성을 저해하며, 예산 낭비로 재정이 고갈된 것, 감독이 제대로 이루어지지 않아 업무의 효율성이 떨어졌다는 것, 근로자들의 근무 태만과 의욕상실, 모든 잘못을 상대방의 탓으로 돌리는 자세가 그가 지적한 회사의 문제점이었다. 리 아이아코카는 문제에 대해 신속하게 해결 방안을 제시했고 얼마 되지 않아 문제점은 자취를 감추었다.

그는 신용을 철저하게 지킴으로 은행으로부터 신뢰를 얻어 냈다. 그는 사장이 된 첫 해 무려 418,812대라는 판매 실적을 올리며 세인들로부터 경영의 귀재라는 찬사를 받으며 화려하게 재기했다.

리 아이아코카는 남들과 같은 방식으로는 남들을 뛰어 넘을 수 없다는 삶의 원칙을 보여 주었다. 그는 도전적이고 실천적인 인물로 국민들이 가장 존경하는 전문 경영인으로 사람들에게 기억되고 있다. 그는 성공의 비결을 묻는 기자들의 질문에 이렇게 말했다.

"성공이란 끊임없이 노력하고 간절히 원하면 반드시 이뤄 낼 수 있습니다. 그것을 불굴의 의지라고 말합니다."

리 아이아코카는 불굴의 의지로 성공 신화를 이룩한 미국 경제사의 등불 같은 존재이다.

031
나는 먹고살기 위해 꿈을 꾼다

나는 밤에만 꿈을 꾸는 것이 아니라 하루 종일 꿈을 꾼다.
나는 먹고살기 위해 꿈을 꾼다.
_스티븐 스필버그

(1946~현재)Steven Spielberg 스티븐 스필버그
캘리포니아 주립대학 영화학과 졸업
주요 작품 〈죠스〉, 〈인디아나 존스〉, 〈쥬라기 공원〉,
〈칼라 퍼플〉, 〈 E.T. 〉, 〈라이언 일병 구하기〉 외

세계 최고의 흥행 감독 스티븐 스필버그. 그는 13세 때 아버지께 400달러를 지원 받아 단편 영화를 찍었을 정도로 어렸을 때부터 영화에 큰 관심을 보였다. 부모는 스티븐에게 공부나 하지 괜한 짓을 한다고 말하는 대신 그가 원하는 대로 하도록 믿고 지켜보았다. 특히 그의 어머니는 그에게 "No"라는 말을 한 번도 하지 않았다. 언제나 그를 믿어 주었고 격려를 아끼지 않았다.

자식의 일을 자식에게 믿고 맡기는 것. 뒤에서 끊임없이 지켜보며 조언을 아끼지 않는 것. 이것이 유대인이 자랑하는 자율 교육의 핵심이다. 유대인 부모 밑에서 자란 스티븐은 자율적이고 창의적인 상상력을 바탕으로 꿈을 키웠다. 그의 꿈은 할리우드 영화감독이 되는 것이었다. 그의 가슴은 온통 영화에 대한 열정으로 넘쳐났다. 밥을 먹을 때도, 길을 갈 때도, 차를 탈 때도, 잠을 잘 때도 그의 머릿속에는 자신이 만들고 싶은 영화로 가득했다. 그는 영화를 상상하는 것만으로도 가슴이 벅찼고 행복했다.

스티븐의 꿈은 학업을 마친 후 본격적으로 실행되었다. 그는 영화감독의 꿈을 펼치기 위해 할리우드를 수시로 찾아갔다. 만나는 사람마다 먼저 인사를 건네고 알고 싶은 것을 스스럼없이 물으며 영화 상식을 키워 나갔다. 그는 영화감독이 되기 위해 하루도 거르지 않고 노력했다.

지성이면 감천이라는 말처럼 그가 들인 공은 헛되지 않았다. 스티븐은 영화 관계자들과 자연스럽게 알게 되었고, 마침내 기회를 얻었다. 스티븐은 처음 메가폰을 잡았을 때 마치 꿈을 꾸는 것 같았다. 그는 자신의 신념대로 영화를 만들기로 했다. 그의 열정은 실로 대단했다. 어느 것 하나도 소홀히 하지 않았다. 스탭들은 그의 완벽함에 혀를 내둘렀다.

그의 첫 영화는 식인상어를 주제로 한 〈죠스〉다. 〈죠스〉는 놀랄만한 흥행 기록을 세웠다. 그의 나이 고작 20대의 일이었다. 이후 스티븐의 삶은 탄탄대로였다. 앞이 뻥 뚫린 고속도로처럼 막힘이 없었다. 내놓는 영화마다 히트를 쳤다. 영화의 흥행과 더불어 그에게는 세계 최고의 감독, 최고의 흥행 감독이라는 수식어가 따라 붙었다.

스티븐의 대표 작품으로는 〈인디아나 존스〉,〈쥬라기 공원〉,〈칼라 퍼플〉,〈E.T.〉,〈라이언 일병 구하기〉등이 있다. 그가 만드는 영화에 세계가 떠들썩했고 마침내 그는 세계 영화사의 전설이 되었다.

스티븐은 자신을 사랑하며 세상의 중심에 서는 순간을 늘 가슴에 품었다. 그는 영화감독이 되기 위해 현재를 열심히 살았다. 남다른 상상력과 창의력으로 자기만의 세계를 구축했다. 한 번 마음먹은 일은 반드시 실행에 옮겼으며, 좋은 작품을 알아보는 예리한 직관력을 가지고 있었다. 쇠붙이도 녹이는 강한 열정과 현실적이고 중용적인 사고는 그를 세계적인 감독으로 만들었다. 그는 영화 시상식에서 자신의 성공 비결에 대해 묻는 기자들에게 이렇게 말했다.

"나는 밤에만 꿈꾸는 것이 아니라 하루 종일 꿈을 꾼다. 나는 먹고살기 위해 꿈을 꾼다."

그의 말처럼 꿈은 밤에만 꾸는 것이 아니다. 꿈은 늘 꾸는 것이어야 한다. 꿈이 멈추는 순간 목표는 사라진다. 스티븐 스필버 그는 준비된 영화감독으로서 언제나 꿈을 꾸었고, 먹고살기 위해 영화를 선택했다. 그는 기회가 왔을 때 그동안 갈고 닦은 상상력을 바탕으로 최고의 영화를 만들었고 그것을 발판 삼아 최고의 감독이 되었다.

032

근면은 빚을 갚고, 자포자기는 빚을 늘린다

근면은 빚을 갚고, 자포자기는 빚을 늘린다.
_벤저민 프랭클린

벤저민 프랭클린 Benjamin Franklin(1706~1790)
과학자, 정치가
저서 《가난한 리처드의 달력》, 《프랭클린 자서전》

    벤저민 프랭클린처럼 다방면에서 뛰어난 능력을 발휘한 사람도 흔치 않다. 프랭클린이 다방면에서 업적을 남길 수 있었던 것은 근면과 성실, 끈기와 의지 덕분이다. 그의 의지적인 성향은 어린 시절 형성된 생활 습관에서 비롯되었다. 프랭클린은 어린 시절 아버지가 경영하는 회사에서 양초와 비누 만드는 일을 도왔고, 형이 운영하는 인쇄소에서 견습공으로 일했다. 인쇄소 일은 힘에 벅찼지만 즐거운 마음으로 임했다.

그의 긍정적이고 능동적인 성격은 새로운 일을 추진하는 데 열정으로 작용했고 지치지 않는 에너지가 되었다. 인쇄공으로 일하던 프랭클린은 영국으로 건너갔다. 그는 2년간 머물다 귀국했는데 영국에서의 삶은 그에게 새로운 꿈과 열정을 심어 주었다.

귀국 후 프랭클린은 언론에 관심을 보였다. 그는 〈펜실베이니아 가제트〉를 인수해 영향력 있는 신문으로 발전시켰다. 그는 교육에도 관심이 많아 펜실베이니아대학교의 전신이었던 필라델피아 아카데미를 창설하고, 도서관을 설립했으며 미국철학협회를 창립하는 등 교육과 문화에서 폭넓은 활동을 보였다.

프랭클린은 자연과학에도 관심이 많았다. 지진의 원인을 연구하여 발표를 하는가 하면 고성능의 '프랭클린 난로'와 획기적인 피뢰침을 발명해 명성을 떨쳤다.

그의 도전 정신은 계속 되었고 그가 이룬 성과는 많은 사람들에게 깊은 감명을 주었다. 1753년, 그는 영국 로열 소사이어티 회원에 선정되어 코플리상을 받았다.

그 후 프랭클린은 체신장관 대리가 되어 우편제도를 새롭게 개선하였고, 올버니회의에 펜실베이니아 대표로 참석해 최초의 식민지연합안을 제안했다. 그는 영국에 파견되어 식민지에 자주 과세권을 획득했고, 인지조례의 철폐를 성공시켰다.

영국에서 귀국한 그는 제2회 대륙회의의 펜실베이니아 대표로 뽑혔고, 1776년에는 독립선언 기초위원에 임명되었다. 프랑스로 건너가 아메리카와 프랑스 동맹을 성립시켰으며, 프랑스의 재정원조를 얻는 데 성공했다. 그는 1783년 파리조약 미국 대표의 일원이 되었으며, 귀국해서는 펜실베이니아 행정위원회 위원장이 되었다.

프랭클린은 과학자, 정치인, 문필가, 경영자로 다방면에 걸쳐 활동하며 사람들을 놀라게 했다. 그는 몸이 두 개라도 모자랄 정도의 일을 해냈다. 마음에 둔 일을 모두 해내는 집념과 끈기는 그의 성공을 더욱 돋보이게 했다.

프랭클린은 쓸데없는 논쟁을 하지 않았고, 남을 비판하거나 업신여기는 일이 없었다. 항상 남의 말에 귀를 기울이고 배려하였으며, 자기를 과신하거나 교만하지 않았다.

"앉아 있는 신사보다 서 있는 농부가 더 훌륭하다"

그는 자신의 말처럼 매우 서민적이고 겸손했다. 초등학교도 졸업하지 못한 그가 성공할 수 있었던 것은 근면함과 끈기에서 오는 도전 정신과 창의력 덕분이었다. 폭넓은 독서는 그의 성공에 일등 공신이었다. 독서는 그에게 풍부한 지식을 제공했다. 그에게 책은 최고의 스승이자 친구였다.

"근면은 빚을 갚고, 자포자기는 빚을 늘린다."

그의 말을 통해 그가 얼마나 근면함을 중시했는지 알 수 있다. 그는 근면으로 성공한 대표적인 인물로서 미국 국민들이 가장 존경하는 인물 중 한 명이다.

033
이기는 군대는
우선 이겨 놓고 싸운다

이기는 군대는 우선 이겨 놓고 싸운다.
패하는 군대는 우선 싸움을 시작하고 이기려고 한다.
_손자

孫子 **손자**
본명 손무. 중국 춘추시대 제나라 출신의 병법 전술가
저서 《손자병법》

손자는 손무와 그의 후손 손빈에 대한 경칭이다. 손무는 춘추시대 제나라 사람으로 병법 13편을 오왕에게 보여 주고, 그의 장군이 되었다. 손무의 병법을 본 오왕 합려는 아주 흡족해 했으며 손무는 오왕의 기대에 부응이라도 하듯 대군을 이끌고 초나라를 물리쳤다. 손무는 군대를 중요시 했으며 군대는 나라와 백성을 지키는 보루라고 주장했다.

그는 적과 나의 상황을 파악하고 군사의 많고 적음, 강약과 허실, 공수, 진퇴 등을 잘 파악하고 대처하면 적을 무찌를 수 있다고 주장했다. 그는 전략 전술을 잘 운용해야 한다고 강조했다. 그는 자신의 생각을 다음과 같이 말했다.

"적과 자신을 알면 백 번 싸워도 위태롭지 않다."

적을 안다는 것은 적을 이길 수 있는 여력이 충분함을 의미한다. 손무는 자신의 전략 전술을 담아 《손자병법》을 썼는데 이 책은 중국 최초의 병서로 유명하다.

손빈은 전국시대의 병가이며 방연과 함께 공부했다. 손빈은 재주가 뛰어나고 지혜가 출중해 제나라 위왕의 군사가 되었다. 마침 위왕은 계릉과 마릉에서 위나라 군대를 물리칠 계획을 세우고 있었는데 손빈은 전쟁을 통한 중국의 통일을 주장했다. 그는 전쟁에서 사람의 주관적이고 능동적인 작용을 중요하게 생각했다. 그는 자신의 생각을 다음과 같이 말했다.

"천지간에 사람보다 귀한 것은 없다."

옳은 얘기다. 사람은 만물의 으뜸으로 창의적이고 의지적이며 사리 분별력이 뛰어난 존재이다. 손빈은 좋은 무기가 있다고 해서 다 강한 군대라고 할 수는 없다고 했다. 무기도 중요하지만 정신력과 지혜 등의 마음가짐이 중요하다는 것이다. 아무리 최첨단의 무기를 지녔다 해도 마음가짐이 바르지 못하면 적을 이길 수 없다.

손자가 손무와 손빈에 대한 높임말임에도 불구하고 보통은 손자 하면 손무를 떠올린다. 손무의 활약상이 더 활발하고 뛰어났기 때문이다. 손무는 병법 전술가답게 탁월한 전술을 선보였다.

손무는 전쟁에서 승리하는 법에 대해 끊임없이 연구했다. 전쟁의 패배로 그동안 이룬 많은 것들을 잃게 될 수도 있기 때문이다.

전쟁에서 이기는 방법은 크게 두 가지이다. 첫째, 군대가 강해야 한다. 군사들이 잘 조련되어 용기가 넘치고 무예가 뛰어나야 한다. 둘째, 정신력이 강해야 한다. 정신력이 강하면 어떤 상황에서도 포기하지 않는다. 두 가지가 잘 갖춰져야 진정으로 강한 군대이다. 이 둘 중 어느 것이 더 중요할까. 답은 정신력이다. 정신력은 몸과 마음을 강인하게 해주며 초인적인 힘을 발휘한다.

손무는 정신력을 강조하며 다음과 같이 말했다.

"이기는 군대는 우선 이겨 놓고 싸운다. 패하는 군대는 우선 싸움을 시작하고 이기려고 한다."

이기는 군대는 싸우기도 전에 이기겠다는 자세를 갖추고 싸움에 임한다. 반면에 싸움을 하고 이기려 한다는 것은 그만큼 준비가 부족함을 의미한다. 손무는 타고난 전략가였다. 그가 남긴《손자병법》은 전쟁뿐만 아니라 살아가는 데 있어서도 매우 유용한 책이다.

034

불가능한 것을 성취하려면 불가능한 것도 실행해야 한다

> 불가능한 것을 성취하려면
> 불가능한 것도 실행해야 한다.
> _ 미겔 데 세르반테스

미겔 데 세르반테스 Miguel de Cervantes Saavedra(1547~1616)
스페인의 문호
주요 작품 《돈 키호테》, 《모범 소설집》 외

서양 최초의 근대소설로 평가되는 《돈 키호테》의 작가 세르반테스. 그는 온갖 고난이 산재한 치열한 삶을 겪은 후 《돈 키호테》를 집필했다. 400년이 지난 지금도 《돈 키호테》는 대중에게 사랑받으며 세계의 유수한 고전들 중에서도 대표적인 작품으로 꼽힌다.

세르반테스의 삶은 한마디로 파란만장 그 자체이다. 그의 아버지는 귀족 출신 의사였지만 알코올중독자로 환자를 치료할 수 없었다. 경제적인 궁핍으로 그의 어린 시절은 배고픔과 가난으로 얼룩졌다. 그는 정규교육조차 제대로 받지 못했다. 세르반테스의 가족은 어린 세르반테스가 성인이 될 때까지 바야돌드리드, 마드리드, 세비야 등지로 바람처럼 떠돌며 집시처럼 살아야 했다. 유랑생활은 세르반테스에게 고통스러운 일인 한편 새로운 것을 접하고 경험하게 하는 창이 되었다.

언제나 배움에 목말라 있던 세르반테스에게도 배움의 기회가 찾아왔다. 마드리드의 사설 서당에 들어가 학업을 시작하게 된 것이다. 이후 그는 이탈리아로 건너가 아크와비바 추기경의 시복이 되었다. 그러던 중 이탈이아 주재 스페인 군대에 입대해 레판토 해전에 참전해 가슴과 팔에 부상을 입으며 평생 왼손을 쓸 수 없는 장애를 갖게 되었다.

세르반테스는 전쟁의 공을 인정받아 스페인 해군 사령관으로부터 표창장을 받았다. 그는 감사장과 시칠리아 부왕의 추천장을 받고 부푼 꿈을 안고 귀국하던 중 알제리 해적의 습격을 받게 되었다. 그는 알제리로 끌려가 5년이나 노예 생활을 해야 했다.

생각지도 못한 일로 깊은 상실감을 느꼈지만 반드시 살아서 고향으로 돌아가겠다는 신념은 굽히지 않았다. 수차례에 걸쳐 탈출을 시도했으나 모두 실패로 끝나고 몸값을 지불하고서야 가까스로 풀려났다.

노예 생활에서 벗어나 귀국했지만 현실은 암담했다. 그는 조국으로부터 아무런 보상도 받지 못했다. 불운을 극복하기 위해 그는 문필가가 되기로 결심했다. 이후 결혼을 통해 그는 삶의 안정기를 맞이했고 소설 창작에 더욱 몰두할 수 있었다.

그의 열정은 대단했지만 소설은 밥이 되어주지 못했다. 그는 작가 생활을 접고, 말단 관리가 되어 10년 동안 함대의 물자 담당관으로 일했다. 그 후 세금 징수원을 전전하며 생활하다 비리에 연루되어 수차례 투옥되었다.

그 무렵 그는 투옥 중에 구상한 작품을 출간했다. 불후의 명작 《돈 키호테》 제1부를 출간한 것이다. 그는 《돈 키호테》로 이름을 널리 알리는데는 성공했지만 생활은 나아지지 않았다. 생활고로 판권을 출판업자에게 넘긴 탓이었다. 《돈 키호테》 제2부를 완간하며 그는 유명 작가 반열에 올랐다. 세계 문단에서 그는 셰익스피어, 단테에 버금가는 작가로 평가 받고 있다.

한 사람의 인생으로 볼 때 세르반테스의 삶은 불행의 연속이었다. 그는 마치 불행을 타고난 사람처럼 보였다. 그럼에도 그는 자신을 포기하지 않았다. 능동적이고 적극적인 성격은 그를 절망 속에서 다시 일어서게 했다. 세르반테스는 훗날 이렇게 말했다.

"불가능한 것을 성취하려면 불가능한 것도 실행해야 한다."

불가능한 것을 성취하려는 자세는 매우 중요하다. 그보다 더 중요한 것은 실행이다. 무슨 일이든 실행이 있어야 결과가 있는 법이다.

035
행복해서 웃는 것이 아니라 웃어서 **행복**한 것이다

행복해서 웃는 것이 아니라 웃어서 행복한 것이다.
_ 윌리엄 제임스

(1842~1910)William James 윌리엄 제임스
심리학자, 철학자, 하버드대학 교수 역임
저서 《심리학의 원리》, 《프래그머티즘》, 《근본적 경험론》 외

"행복해서 웃는 것이 아니라 웃어서 행복한 것이다."

근대 심리학의 창시자로 불리는 미국의 심리학자 윌리엄 제임스가 남긴 말이다. 적극적인 자세가 인간에게 어떤 효용을 미치는지 잘 알게 하는 말이다. 윌리엄 제임스는 적극적이고 능동적인 태도로 삶에 임할 것을 강조했다. 사람은 생각에 따라 마음과 생각이 변하기 때문이다. 그의 신념은 사람을 대할 때나 상담

할 때 잘 나타난다. 다음 일화에도 그의 신념이 잘 나타나 있다.

에밀리라는 여자가 있었다. 그녀는 자신을 불행한 여자라고 생각해 매사 부정적이었다. 그녀는 어느 누구도 자기에게 관심을 가져주지 않는다고 생각했다. 늘 짜증을 내다보니 그녀 주위에는 아무도 남아 있지 않게 되었다. 남자친구를 사귀어 데이트도 하고 싶었지만 기회가 주어지지 않았다. 그녀는 고민 끝에 심리학자인 윌리엄 제임스를 찾아 갔다. 고민을 상담받기 위해서였다.

"저는 에밀리라고 합니다. 박사님, 박사님께 상담을 받고 싶어 왔습니다."

그녀는 의기소침해 자신감 없는 목소리로 말했다.

"아, 그래요. 좋습니다. 무엇이 문제인지 말해 보세요."

윌리엄 제임스는 에밀리가 매우 힘든 상황임을 한 눈에 알아 보았다. 한창 생기발랄할 나이에 그녀가 걸치고 있는 옷이며 머리 스타일이 우중충 했기 때문이다. 그의 경험으로 미루어 보았을 때 외적으로도 문제가 드러나는 여자들은 내면의 상처가 더욱 깊었다.

에밀리는 매사에 자신이 없고, 어느 누구도 자신에게 관심을 가져 주지 않는다고 말하며 슬픈 표정을 지었다. 그녀의 말을 듣던 윌리엄 제임스는 다음과 같이 말했다.

"에밀리 양, 지금부터 내가 하는 말대로 한 번 해보세요. 첫째, 내일 당장 옷을 사 입도록 해요. 자신이 고르지 말고 직원이 골라주는 것을 사세요. 둘째, 미장원에 가서 머리 스타일을 바꾸세요. 역시 헤어 디자이너가 해주는 대로 하세요. 셋째, 그 상태로 내일 밤 내가 주최하는 파티에 나오기 바랍니다."

에밀리는 뚱한 목소리로 말했다.

"그런다고 뭐가 달라질까요? 나는 사람들이 많이 모이는 파티에 가는 것을 싫어해요."

"그래요? 하지만 에밀리 양, 내가 여는 파티는 여느 때 보아 온 파티와는 많이 다를 것입니다. 내가 에밀리 양에게 임무를 맡길 거예요. 내일 와서 파티가 잘 되도록 나를 도와주세요. 어때요? 그럴 수 있겠지요?"

윌리엄 제임스는 웃으며 말했다. 그러자 그녀는 고개를 끄덕이며 파티에 나오겠다고 약속했다. 다음 날 파티에 참석한 사람들 중 가장 돋보이는 사람은 에밀리였다. 그녀는 멋진 옷과 머리 스타일로 한껏 치장하고 나와 사람들의 주목을 받았다. 그녀는 윌리엄 제임스가 부탁한 대로 사람들을 찾아다니며 필요한 것은 없는지 물어보며 사람들을 챙겨 주었다. 시간이 지나자 그녀의 얼굴에 즐거움의 빛이 가득했다. 파티가 끝나자 멋진 청년들이 서로 그녀를 집에 데려다 주겠다고 앞다투었다. 그날 이후 에밀리의 삶은 완전히 바뀌었다.

"행복해서 웃는 것이 아니라 웃어서 행복한 것이다."

윌리엄 제임스는 성공하고 싶다면 성공한 사람처럼 행동하면 된다고 말한다. 행복이 찾아와 웃는 것이 아니라 웃으면 행복이 찾아온다. 생각하는 대로 살면 생각하는 대로 살게 될 것이다. 행복이 웃음을 뒤따라오는 것처럼.

036
오늘이라는 테두리 안에서 삶을 습관화하라

오늘이라는 테두리 안에서 삶을 습관화하라.
_ 윌리엄 오슬러

윌리엄 오슬러 William Osler(1849~1919)
의사. 미국 존스홉킨스 의과대학 설립자
저서 《의학의 원칙과 실제》 외

근대 의학의 아버지로 불리며 세계 최고의 의과대학인 존스홉킨스대학을 설립한 윌리엄 오슬러. 그는 스스로 자신이 천재가 아니라고 말한 바 있다. 그는 자신을 평범한 사람이라고 말하며 누구든지 목표를 세워 시간을 잘 활용하면 원하는 결과를 얻을 수 있다고 말했다.

그는 목사인 아버지처럼 목회를 하려고 했으나 포기하고 토론토 의과대학에 입학했다. 공부를 하면서도 그는 자신의 미래에 대해 늘 고민했다. 진로와 미래에 대해 진지하게 고민하던 중 영국의 사상가 토마스 칼라일의 글을 읽고 그의 삶은 변화의 계기를 맞이했다.

"우리들의 중요한 임무는 멀리 있는 것이 아니라, 희미한 것을 보는 것이 아니라, 가까이 있는 분명한 것을 실천하는 것이다."

윌리엄 오슬러는 글귀를 읽고 가슴이 불에 덴 듯 뜨거워지며 감동으로 물들었다. 그 날 이후 그의 생활은 180도 달라졌다. 의과 공부를 하면서도 막연했던 그의 미래는 분명하고 확실해졌다.

그는 하나를 배워도 확실하게 배웠고, 실습을 할 때도 다른 친구들보다 더 열심히 했다. 그의 실력은 날로 늘어갔고 교수진들에게도 인정받았다. 확고한 신념으로 자신의 길을 닦아 나가던 그는 맥길대학교로 옮겨 공부한 끝에 의사자격증을 취득했다.

그 후 윌리엄 오슬러는 유럽의 연구소를 방문해 견문을 넓혀 나갔다. 그는 연구소 중에서도 실험 생리학을 부각시킨 존 버든 샌더슨의 생리학 연구소가 있는 런던대학교에 머물며 배움을 지속했다.

캐나다로 돌아온 윌리엄 오슬러는 일반 진료를 시작했고, 맥길대학교 의학연구소의 강사에서 교수로 임용되었다. 그는 몬트리올 종합병원으로 자리를 옮겨 의사로 일하면서도 대학에서 가르치는 것을 멈추지 않았다. 윌리엄 오슬러는 환자 진료와, 강의, 연구를 병행하며 자신을 한시도 가만히 두지 않았다. 하루가 이틀이나 되는 것처럼 썼고 오늘이라는 시간을 인생에서 가장 소중하게 여겼다.

윌리엄 오슬러의 명성은 널리 알려졌다. 그는 미국 볼티모어에 새로 생기는 존스홉킨스대학의 의학교수로 와달라는 초청을 받고 흔쾌히 승낙했다. 윌리엄 오슬러는 자신을 포함한 네 명의 멤버들과 대학의 설립자가 되었다. 자신의 꿈을 마음껏 펼칠 수 있는 기회가 주어진 것이다. 윌리엄 오슬러는 존스홉킨스를 세계 최고의 의과대학으로 만들기 위해 멤버들과 함께 새로운 시스템으로 운영했다.

모든 연구는 철저하게 책상이 아닌 실험실에서 진행되었다. 머리가 아닌 손으로 실습하며 학생들이 실력을 쌓도록 했다. 그 결과 존스홉킨스대학의 명성은 날로 높아져 최고의 대학이라는 평가를 받게 되었다.

윌리엄 오슬러가 최고의 의사가 되고 근대 의학의 아버지로 불리게 된 것은 땀과 열정의 힘이었다. 그는 막연하게 생각하던 자신의 미래에 추진력을 더해 실행하며 인생을 성공으로 이끌었다. 윌리엄 오슬러는 예일대학에서 강연회를 할 때 이렇게 말했다.

"오늘이라는 테두리 안에서 삶을 습관화하라."

윌리엄 오슬러를 성공의 길로 이끈 것은 분명한 목표 설정과 실현을 위한 철저한 시간 관리였다.

037
인생은 B와 D 사이의 C다

인생은 B와 D 사이의 C다.
_장 폴 사르트르

(1905~1980)Jean Paul Sartre 장 폴 사르트르
프랑스 실존주의 철학자, 소설가, 극작가, 평론가
주요 작품 《구토》, 《존재와 무》 외

프랑스가 낳은 최고의 지성인 사르트르. 그는 《실존주의는 휴머니즘이다》라는 책을 통해 인간은 하나의 실존의 존재라고 강조하며 실존은 본질에 앞서며, 실존은 주체성이라는 명제를 제시했다. 인간의 의식과 자유의 구조를 밝히고 실존의 결단과 행동의 책임과 연대성을 주장하였다. 도구와 같은 존재는 본질이 존재에 앞서지만, 개별적 단독자인 실존은 존재가 본질에 앞선다고 강조했다. 인간은 우선 실존하고 그 후에 자유로운 선택과 결단의 행동으로 자기 자신을 만들어 간다고 하였다. 그가 남긴 말에서 그의 주장을 보다 명료하게 알 수 있다.

"인생은 B와 D 사이의 C다."

인간은 선택과 결단을 자율적으로 할 수 있고, 자신의 선택에 대해 책임감을 느끼며 실행할 능력을 가졌다. 만약 그렇지 못한 사람이 있다면 그 사람의 삶은 불행할 것이다.

사르트르는 철학과 문학에서도 자기만의 철학을 가졌다. 그는 철학과 문학의 이론을 행동으로 이끌어 낸 행동파 지식인이었다. 그의 주장에는 언제나 실천이 수반되었다. 그의 철학적 사상과 문학은 프랑스를 대표하는 지식인의 반열에 오르게 했다.

그는 계약 결혼이라는 파격적인 돌출 행동도 서슴지 않았다. 그는 학자나 지식인들의 경건함과 엄숙주의를 과감히 깨뜨렸다. 결혼이라는 엄숙함을 철저히 내동댕이친 것이다. 사회로부터 지탄받을 수 있는 행동임에도 불구하고 그는 당당하게 행동했다.

사르트르는 세계 평화의 문제에 대해서도 깊은 관심을 가졌다. 특히 소련의 공산주의에 대해서는 날카로운 비판을 서슴지 않았는데 《유물론과 혁명》, 《변증법적 이성 비판》 등에 잘 나타나 있다.

그의 돌발적인 행동은 노벨문학상 수상이 결정되었을 때도 어김없이 나타났다. 그는 누구나 받고 싶어 하는 노벨상 수상을 거절했다. 그의 수상 거절 소식은 전 세계적으로 회자되었고, 그에 대한 인식을 새롭게 하는 계기가 되었다. 세계적인 상을 눈앞에 두고도 단박에 거절한 행동에서 그에게 문학은 오직 문학 자체로

의미가 있음을 알 수 있다. 그에게 문학은 그 자체로 가치가 있는 것이지 상 혹은 대가를 받기 위한 것이 아니었다. 사르트르는 자기만의 철학이 분명한 사람이었다.

문학에 대한 사르트르의 확고한 신념은 그를 세계문학 정상의 반열에 우뚝 서게 만들었다. 진정한 문학이란 무엇이며 문학가가 가야할 길을 행동으로 보여 준 사르트르. 그는 진정한 행동과 지식인이었다.

사르트르는 한시도 느슨한 적이 없었다. 그는 게으른 것을 경계했으며 죄악으로 여겼다. 자기에게 주어진 길을 최선을 다해 걸어갈 때 값진 인생이 된다고 생각했다. 그는 자신의 신념에 대해 다음과 같이 말했다.

"인생은 B와 D 사이의 C다."

인생은 탄생Birth에서 시작해 죽음Death로 끝난다. 그 사이에 선택Choice가 있다. 사람이라면 태어나서 죽기 직전까지 무수히 많은 선택을 한다. 선택은 개인의 신념이 반영된 행동이다. 그 사람에 대해 알고 싶으면 선택을 보면 된다. 삶에는 신중하게 결정해야 할 문제도 있지만 일상적이며 사소한 결정을 해야 하는 순간이 더 많다.

사르트르는 삶은 곧 선택의 집합체이며 선택이 모여 인생이 된다고 말했다. 기억하라. 훗날 자신의 인생을 되돌아 봤을 때 후회하지 않는 삶이라 말할 수 있으려면 오늘의 선택부터 후회 없어야 한다. 사르트르는 자신의 신념을 투영한 선택을 실천에 옮기며 산 현자였다.

038
보물을 보존해 대중에게 보여 주는 것이 컬렉터의 의무이다

보물을 보존해 대중에게 보여 주는 것이 컬렉터의 의무이다
_ 페기 구겐하임

페기 구겐하임 Peggy Guggenheim(1898~1979)
미술품 컬렉터, 기획자
자서전 《어느 미술 중독자의 고백》, 《금세기를 넘어서》

    20세기 현대 미술사의 탁월한 컬렉터이자 기획자인 페기 구겐하임. 화가는 아니지만 그녀가 현대 미술사에서 차지하는 비중은 상당하다. 그녀는 탁월한 컬렉터로 현대 미술이 발전하는 데 기여한 바가 여느 미술가 못지않다.

    페기는 부유한 가정에서 유복하게 자랐다. 그녀의 아버지는 어린 딸을 무척이나 예뻐했다. 그는 페기에게 예술을 가르치기 위

해 가정교사를 초빙했다. 가정교사는 페기를 박물관에 데리고 다니며 고전 미술에 눈뜨게 했으며 프랑스 역사와 문학에 관한 상식을 길러 주었다. 페기는 가정교사와의 수업을 통해 미술품에 눈뜨게 되었고 유럽 역사에 폭넓은 지식을 쌓았다. 다양한 문학작품을 통해 넓은 시야를 갖게 되었다. 페기의 인문학적 소양은 그녀가 걸출한 컬렉터가 되는 데 크게 작용했다.

페기는 자유분방한 삶을 살았던 사람답게 사고방식이나 행동양식에 막힘이 없었다. 그녀가 인생을 원하는 대로 살 수 있었던 것은 새롭게 만난 가정교사 루실 콘의 영향이었다. 루실 콘은 미국의 명문 대학인 컬럼비아대학에서 고전문학 박사학위를 받은 실력파였다. 그녀는 사회주의 운동의 열렬한 지지자였다. 루실 콘의 가르침은 직간접적으로 페기의 삶에 녹아들었다. 페기는 미술과 관련된 지식, 예술가의 사고방식뿐만 아니라 자유분방함까지 갖추게 되었다.

페기가 사촌인 헤럴드 러브가 운영하는 서점에서 일을 거들며 시간을 보낼 때였다. 그녀는 서점 일을 하며 많은 유명인사와 작가, 화가들을 만나며 교분을 쌓고 관계를 맺었다. 그 무렵 페기는 친구인 페기 월드먼으로부터 화랑을 권유 받았다. 그녀는 자신의 계획을 위해 20세기 가장 영향력 있는 예술가로 평가받는 마르셸 뒤샹을 찾았고, 그의 도움으로 화랑을 시작했다. 페기는 화랑 이름을 '구겐하임 죈'이라고 지었다.

첫 전시회는 파리 현대미술의 선구자로 불리는 장 콕토 전이었다. 이후 칸딘스키, 브랑쿠시, 레이몽 뒤샹 비용, 알렉산더 콜더,

앙투안 페프스너, 아르프와 그의 아내, 앙리 로랑스, 존 터나드 이브탕기 등의 전시회를 잇달아 열었다. 결과는 대성공이었다. 구겐하임 죈은 런던 예술계의 중심으로 떠올랐다. 여는 전시마다 성공하자 페기의 명성도 올라갔다. 작품을 보는 안목 및 전시의 기획 능력, 구매자와의 상담 능력이 날로 성장했으며 시간이 갈수록 유럽 미술계에 없어서는 안 될 존재로 존재감은 커져 갔다.

그녀는 가난하지만 재능 있는 예술가들을 지원하며 그들의 예술 활동을 도와주었다. 당시로서는 누구도 실천하지 못한 아름다운 행동이었다.

페기는 미국으로 건너가 뉴욕 7번가에 화랑 '금세기 미술 갤러리'를 열었다. 갤러리는 파리와 뉴욕을 잇는 다리 역할을 했다. 유럽 미술가들과 미국 미술가들의 교류의 장이 되어 추상표현주의가 발전하는 데 크게 기여했다

그 후 페기는 작품들을 베네치아로 옮겨 '페기 구겐하임 미술관'을 개관했다. 그녀는 많은 화가들의 작품을 전시하며 자신의 입지를 확고히 다졌다. 이제 그녀의 미술관은 훗날 미술가라면 반드시 들러보고 싶은 곳이 되었다. 그녀는 컬렉터의 본분에 대해 다음과 같이 정의했다.

"보물을 보존해 대중에게 보여 주는 것이 컬렉터의 의무이다."

페기 구겐하임은 자신의 삶을 미술 발전에 다 바쳤다. 현대 미술사를 말할 때 그녀를 빼놓고 말할 수 없을 만큼 그녀의 업적은 다양하다. 그녀는 진정한 예술혼을 가진 위대한 미술인이었다.

039
내 소원은 조금이라도 세상이 나아지는 것을 볼 때까지 사는 것이다

나는 하나의 절실한 소원을 가지고 있다. 그것은 내가 이 세상에 태어난 까닭에
조금이라도 세상이 좋게 되어 가는 것을 볼 때까지 살고 싶다는 것이다.
_에이브러햄 링컨

(1809~1865)Abraham Lincoln 에이브러햄 링컨
미국 제16대 대통령, 변호사

노예를 해방시키며 참된 민주주의를 실현한 대통령으로 평가받는 에이브러햄 링컨.

"나는 하나의 절실한 소원을 가지고 있다. 그것은 내가 이 세상에 태어난 까닭에 조금이라도 세상이 좋게 되어 가는 것을 볼 때까지 살고 싶다는 것이다."

링컨은 자신의 말처럼 인류의 자유와 평화, 평등한 삶을 위해

최선을 다했다. 그의 신념은 그를 인류 역사상 최고의 대통령으로 만들었다. 그는 인간이 지녀야 할 인격의 덕목을 고루 갖춘 사람이다. 사람들을 내 몸과 같이 아끼고, 상하 구분 없이 관대하게 대하며 궂은일에는 자신이 먼저 솔선수범했다. 가르치는 것이 아니라 몸소 행동으로 보이며 상대가 따라 하도록 하는 진정한 지도자였다. 그의 인격적인 면모가 드러나는 일화는 무수히 많다. 그만큼 그는 훌륭한 인격자였다. 그의 인격에 대한 일화이다.

어느 날 링컨이 구두 닦는 것을 보고 참모가 말했다.

"대통령 각하, 어째서 손수 구두를 닦으십니까? 다른 사람에게 시키면 될 일을요."

링컨은 웃으며 말했다.

"아니, 그것이 무슨 말인가? 이 정도는 나도 충분히 할 수 있다네."

참모는 손수 자신의 구두를 닦는 링컨의 모습을 보며 그의 겸손함에 크게 감동했다.

사람들은 링컨하면 제일 먼저 얼굴을 덮은 수염을 떠올린다. 그가 수염을 기르게 된 데는 이유가 있다. 대통령 선거에서 당선되었을 때였다. 그는 뉴욕의 그레이스 베델이라는 소녀로부터 수염을 기르면, 훨씬 멋지고 인자해 보일 것 같다는 내용의 편지를 받았다. 링컨은 편지 내용에 빙그레 웃으며 수염을 기르면 사람들이 어리석은 짓이라 할지 모른다고 답장을 써서 보냈다.

얼마 후 소녀로부터 편지가 왔다. 소녀는 링컨에게 인상이 엄숙해 보여 수염을 기르면 누구나 친근감을 느낄 것이라며 자신의 친구들도 수염을 기르기 바란다고 덧붙였다.

이후 링컨은 소녀의 말대로 수염을 기르기 시작했다. 링컨은 수염이 자란 자신의 얼굴에 만족해 했다.

링컨이 워싱턴으로 가기 위해 뉴욕을 지날 때였다. 링컨은 기차를 멈추게 하고 밖으로 나왔다. 많은 시민들이 링컨을 보기 위해 몰려들었다.

"혹시 여기 그레이스 베델이라는 소녀가 있습니까?"

링컨은 사람들을 향해 말했다. 그때 그레이스 베델이 손을 들며 말했다.

"제가 그레이스 베델입니다!"

"아, 그래요. 소녀가 그레이스 베델이군요."

"네. 대통령님!"

"베델, 수염을 길렀는데 어때요? 괜찮아요?"

링컨은 수염을 쓰다듬으며 말했다.

"네. 아주 멋지세요!"

그레이스 베델은 자신의 제안을 받아 준 링컨에게 감격했다. 링컨이 수염을 기르게 된 사연을 알게 된 시민들은 그의 넓은 마음에 감동했다. 링컨은 한 사람 한 사람의 목소리에 귀 기울이고 실행하는 진정한 인격자였다.

자신이 이 세상에 태어난 까닭에 조금이라도 세상이 좋게 되어 가는 것을 볼 때까지 살고 싶다고 한 링컨은 보기 드문 언행일치의 정치가였으며 인격자였다.

040

남을 위해 일하는 것이
최대의 행복이고 즐거움이었다

남을 위해 일 한다는 것은
어린 시절부터 나의 최대의 행복이었고 즐거움이었다.
_ 베토벤

루드비히 반 베토벤 Ludwig van Beethoven(1770~1827)
독일 음악가, 고전주의 음악의 완성자, 낭만주의 음악의 창시자
주요 작품 〈영웅〉, 〈운명〉, 〈전원〉, 〈합창〉, 〈월광 소나타〉, 〈비창〉 외

고전주의의 완성자로 세계 음악사에서 가장 뛰어난 천재 음악가로 평가 받는 베토벤. 그가 많은 이들로부터 아낌없는 존경과 사랑을 받는 것은 단지 그가 뛰어난 음악가이기 때문만은 아니다.

베토벤은 음악가로서 가장 중요한 청력을 잃어가는 절망적인 상황 속에서도 음악을 놓지 않았다. 귀가 들리지 않으면 마음으로 소리를 들으며 주옥같은 곡을 써내려 갔다. 대중은 베토벤의

집념에 감탄했고 그의 삶으로 희망과 용기를 얻었다.

물론 베토벤 역시 사람이기 때문에 청력을 잃어간다는 사실에 슬퍼했고 절망했다. 슬픔을 감당할 수 없어 두 동생에게 유서를 쓰기도 했다. 죽음만이 절망과 슬픔에서 벗어나는 길이라고 생각했기 때문이다.

그럼에도 그는 죽지 않았다. 살아서 하고 싶은 음악을 계속하는 것이 자신을 진정으로 위하는 일이고 목숨처럼 소중한 음악을 배반하지 않는 길이라며 삶의 의지를 다졌다. 그는 힘들 때마다 자신의 음악을 통해 위로 받고 행복해 하는 사람들을 떠올렸다. 그는 자신에게 많은 사랑을 주었던 사람들을 위해 보다 아름답고 멋진 음악을 들려주기로 결심했다. 그것이 자신에게 닥친 불행을 극복하는 최선의 길이라고 생각했다.

베토벤은 음악과 대중을 아끼고 사랑한 예술가였다. 그는 사람들에게 기쁨과 희망을 주는 것이 자신의 소망이라고 입버릇처럼 말했다. 자신의 음악을 사랑해 주는 대중을 위해서라면 시련에도 굴하지 않았다. 그는 피나는 노력을 한시도 거르지 않으며 음악에 정진했다.

사람들을 향한 베토벤의 애정은 어린 시절 그가 처했던 환경의 영향이 크다. 그는 일찍이 어머니를 여의고 동생들을 거두는 가장이 되었다. 가족을 사랑하는 따뜻한 마음이 없으면 가장이 될 수 없다. 그 역시 가족을 끔찍이 아꼈는데 이런 가족 사랑은 음악을 아끼고 사랑하는 이들에게도 고스란히 나타났다. 그는 사람들에게 자신의 음악을 들려주는 것을 가장 큰 기쁨과 행복으로 여겼다. 베토벤은 친구에게 보낸 편지에 자신의 마음을 다음과 같이 고백했다.

"남을 위해 일 한다는 것은 어린 시절부터 나의 최대의 행복이었고 즐거움이었다."

말속에서 그가 사람들을 얼마나 아끼고 사랑했는지가 느껴진다. 베토벤은 사람을 진정으로 사랑하고 아낄 줄 아는 자애롭고 따뜻한 품성을 가진 음악가였다.

사람들은 그의 이름 앞에 '음악의 성자'라는 뜻의 '악성'이라는 말을 붙이며 최고의 음악가라는 찬사를 아끼지 않았다. 그는 동료 음악가들에게도 존경의 대상이었다. 특히 가곡의 왕으로 불리는 슈베르트는 베토벤을 그 누구보다 존경하였다.

슈베르트는 베토벤이 너무나 닮고 싶은 나머지 베토벤이 좋아하는 음식을 먹으며 머리와 옷 입는 스타일을 그대로 따라했다. 베토벤의 몸과 마음을 그대로 복제하고 싶었던 것이다. 슈베르트는 죽음이 임박했을 때도 주변 사람들에게 베토벤의 곁에 묻어달라고 할 정도로 그를 동경했다. 타인에게 기쁨을 주는 베토벤의 넉넉한 마음은 그를 최고의 음악가로 만들었다.

041
아무도 자신을 믿지 않을 때도 자기 자신을 믿는 것

아무도 자신을 믿지 않을 때도 자기 자신을 믿는 것,
그것이 챔피언이 되는 길이다.
_슈거 레이 로빈슨

(1921~1989)Sugar Ray Robinson 슈거 레이 로빈슨
권투 선수. 웰터급 세계챔피언(1946~1951), 미들급 세계챔피언(1951~1960)

권투 전문가들이 가장 뛰어난 선수로 꼽는 슈거 레이 로빈슨. 그는 웰터급 세계 챔피언, 미들급 세계 챔피언으로 무려 15년 동안을 챔피언으로 군림하며 두 체급을 석권했다.

아마추어 시절에도 로빈슨은 89차례의 경기에서 무패를 기록할 정도로 기량이 뛰어났다. 그는 1939년에는 페더급으로, 1940년에는 라이트급에서 골든 글러브 타이틀을 거머쥐며 최고의 선수로 거듭났다.

로빈슨이 위대한 복서로 인정받는 것은 그가 뛰어난 기량을 지니기도 했지만, 자신의 패배에 좌절하지 않고 재도전함으로써 챔피언 타이틀을 되찾았기 때문이다.

로빈슨은 1951년 세계 미들급 챔피언 방어전에서 영국의 랜디 터핀에게 패해 타이틀을 잃었다. 그해 말 그는 다시 도전하여 타이틀을 되찾았다. 로빈슨은 체급을 올려 1952년에는 라이트 헤비급 챔피언 조이 맥심에게 도전했지만, 패배했고 선수 생활에서 물러났다. 그는 은퇴한 것이 내내 마음에 걸려 1954년 다시 링 위에 섰다. 1955년 미들급 챔피언인 칼 올슨에게 도전장을 내밀어 그는 다시 챔피언 자리에 올랐다. 1957년 진 풀머에게 방어전에서 패해 타이틀을 잃었으나 다시 도전해 타이틀을 되찾았다.

타이틀 자리를 놓고 뺏고 빼앗기는 싸움의 연속이었다. 그는 강인한 인내심과 집념으로 포기하는 법이 없었다. 복싱팬들은 지칠 줄 모르는 그의 근성에 감탄했다.

로빈슨은 선수로도 뛰어났지만 훌륭한 인품을 지닌 사람이었다. 그는 최고의 선수임에도 언제나 겸손했으며 친절했다. 인품이 덜 된 선수들은 교만하고 자만심에 가득 차 대중에게 외면 받기도 하는데 로빈슨은 달랐다. 그는 스스로를 내세우거나 우쭐하지 않고, 자신을 낮출 줄 알았다. 그의 겸손에 대한 이야기이다.

"로빈슨, 당신은 내가 만나 본 선수 중 최고입니다."

"감사합니다. 그러나 나보다 더 좋은 선수들은 얼마든지 있다고 생각합니다."

기자가 인터뷰를 하면서 자신을 추켜세우자 로빈슨은 겸손하게 대답했다.

"로빈슨, 당신이 최고의 선수가 된 이유를 무엇이라고 생각합니까?"

"아무도 자신을 믿지 않을 때도 자기 자신을 믿는 것, 그것이 챔피언이 되는 길이라고 생각합니다."

"아무도 자신을 믿지 않을 때 자신을 믿는 것이라……. 정말 훌륭한 말이군요."

기자는 로빈슨의 말을 들으며 그가 최고의 선수인 이유를 다시금 깨달았다.

로빈슨의 팬들은 그의 실력과 인품을 깨닫고 더욱 그에게 열광했다. 한 분야에서 최고가 된다는 것은 하늘의 별을 따는 것만큼이나 어려운 일이다. 최고의 자리에 선 사람들은 자신을 믿고 각고의 노력을 다한 끝에 그 자리에 오를 수 있었다. 로빈슨은 최고가 되기 위해서 어떻게 해야 하는 지를 잘 보여 준 사람이다.

042

뜻이 확실하면 반드시 생각하는 대로 이루어진다

뜻이 확실하면 반드시 생각하는 대로 이루어진다.
_프랑크 갠솔러스

프랑크 갠솔러스 Frank Gansolers
목사, 일리노이 공과대학 설립자

"어느 토요일 오후, 나는 100만 달러를 만들려면 어떻게 해야 하는지 고민하고 있었다. 2년 넘게 고민해 왔지만 생각하는 일 외에 내가 할 수 있는 것은 없었다. 그런데 갑자기 심한 충격을 받은 것처럼 나는 일주일 내에 그 100만 달러를 만들겠다고 결심하게 되었다."

미국 일리노이 공과대학 설립자이자 목사인 프랑크 갠솔러스가 한 말이다.

그는 자신의 말처럼 100만 달러가 필요했다. 당시 교육제도에 문제가 많다고 생각한 그는 새로운 교육 방식을 도입하겠다는 꿈으로 부풀어 있었다.

갠솔러스는 신문사에 전화를 걸어 이튿날 아침 설교를 하고 싶다고 신청했다. 설교 제목은 '만일 나에게 100만 달러가 있다면'이라고 정했다. 다음 날 아침 그는 자신의 생각대로 100만 달러가 모금되도록 무릎을 꿇고 간절히 기도했다. 기도를 통해 꿈이 이루어질 것이라는 확신은 더욱 강해졌다. 기도를 마친 그는 가벼운 마음으로 설교 장소에 갔다. 설교 장소에는 사람들로 가득 차 있었다.

갠솔러스는 기분 좋은 표정을 하고 사람들을 둘러보았다. 그는 단상에 서서 100만 달러가 생긴다면 자신이 추구하는 새로운 교육시스템을 시도할 것이라며 열정을 다해 설교했다. 그의 설교는 힘이 넘쳤고 듣는 이에게 확신을 주기에 충분했다. 사람들은 처음부터 끝까지 그의 설교를 진지하게 경청했다. 설교를 마친 갠솔러스가 기분 좋은 표정으로 단상을 내려오는데 한 신사가 그에게 다가와 양팔을 벌리며 이렇게 말했다.

"목사님, 당신의 설교에 깊은 감동을 받았습니다. 100만 달러가 있다면 목사님은 반드시 지금의 설교대로 실행하시리라 믿습니다. 내일 제 사무실로 오시면 100만 달러를 드리겠습니다. 제 이름은 필립 D. 아머입니다."

갠솔러스는 형언할 수 없는 기쁨에 사로잡혔다. 집으로 돌아온 그는 자신의 뜻이 이루어진 데 감사하는 마음으로 기도 드렸다.

다음 날 갠솔러스는 아머의 사무실로 찾아갔다.

"어서 오십시오, 목사님."

아머는 반갑게 갠솔러스를 맞이했다. 약속대로 아머는 갠솔러스에게 100만 달러를 기부했다.

"아머 씨. 감사합니다. 반드시 좋은 학교를 만들도록 하겠습니다."

갠솔러스는 감격하며 말했다.

꿈에 대한 확신은 꿈을 현실로 이룬다. 갠솔러스의 꿈에 대한 확신은 꿈을 현실로 만들었다. 그는 자신의 눈앞에 놓인 100만 달러로 꿈에 그리던 학교를 세웠는데 일리노이 공과대학의 전신인 아머 공과대학이다. 일리노이 공과대학이 노벨상 수상자를 많이 배출한 명문 대학교가 될 수 있었던 것은 새로움을 추구하기 위해 최선을 다한 갠솔러스 덕분이다

생각만 하고 있으면 어떤 변화도 일어나지 않는다. 뜻을 확실히 세우고 시도할 때 바람은 이루어진다. 갠솔러스는 자신의 뜻이 이루어지게 된 것에 대해 다음과 같이 말했다.

"뜻이 확실하면 반드시 생각하는 대로 이루어진다."

갠솔러스는 뜻을 분명히 하고 시도했기에 꿈을 이뤄 낼 수 있었다.

043
학문은 반드시 실천되어야 한다

학문은 반드시 실천되어야 한다.
_존 러스킨

(1819~1900)John Ruskin 존 러스킨
비평가, 사회 사상가, 옥스퍼드대학 교수 역임
저서 《건축의 칠등》, 《베네치아의 돌》 외

"학문은 반드시 실천되어야 한다."

영국의 비평가이자 사회 사상가인 존 러스킨이 남긴 말이다. 이 말의 유래를 살펴 보면 다음과 같다.

그가 강의를 하러가는데 비가 내려 길이 엉망진창이었다. 구두는 물론 옷에까지 흙탕물이 튀어 그는 불만이 가득해졌다.

"이것 참, 길이라고는. 이것이 대체 무슨 꼴인가."

러스킨은 빗속을 걸어가며 투덜거렸다. 간신히 강의실에 도착한 러스킨의 몰골은 말도 아니었다.

"교수님, 안녕하세요?"

"그래요."

"그런데 교수님 구두와 옷이……"

"어, 그렇게 됐네."

러스킨은 학생들을 보기가 민망해졌다. 그는 깨끗이 씻고 나서 강의에 들어가 시작 무렵 대뜸 이렇게 물었다.

"여러분이 경제학을 공부하는 이유는 무엇입니까?"

갑작스러운 교수의 질문에 학생들은 호기심 어린 눈으로 쳐다보았다. 그때 한 학생이 평소 러스킨이 강조한 대로 대답했다.

"경제는 자신은 물론 다른 사람들의 이익을 창출하는 것이라고 배웠습니다."

러스킨은 학생의 말을 듣고 고개를 끄덕이며 미소를 지으며 말했다.

"강의하러 오는데 보니 비가 내려 길이 엉망이었어요. 그래서 구두와 옷에 흙탕물이 튀고 말았어요. 여러분은 어떻게 해야 한다고 생각합니까?"

"당연히 길을 고쳐야 한다고 생각합니다."

한 학생이 말했다.

"그래요? 그렇다면 지금 당장 길을 고치는 것은 어떨까요?"

러스킨은 빙그레 웃으며 말했다. 그러자 학생들은 모두 자리에서 일어나 밖으로 나갔다. 누가 먼저랄 것도 없이 엉망진창인 길을 고치기 시작했다. 얼마 후 길은 매끄럽게 고쳐졌다. 학생들이 길을 고쳤다는 소문은 대학에 널리 퍼졌다. 학교 측에서는 '학문은 반드시 실천되어야 한다'는 러스킨의 뜻을 담아 그 길을 '러스킨의 길'이라고 이름 붙였다.

러스킨은 어려서부터 그림에 관심이 많았는데 특히 터너의 그림에 관심이 많아서 그의 그림을 변호하려던 것이 계기가 되어 미술을 공부하게 되었다. 그는 《근대화가론》을 통해 미술 비평가로 이름을 알렸다. 그는 문학, 예술, 자연과학, 조류학, 정치학, 경제학, 사회학 등 다양한 분야에 뛰어난 식견을 두루 갖춘 실력파였다. 그는 작가이자 화가로서 많은 작품을 남겼다. 러스킨은 뛰어난 지식으로 당대 예술 평단의 일인자로 명성을 떨쳤다. 그러다 사회경제의 모순에 실망하고 사회 사상가가 되었다.

그는 사회 비평에도 깊은 관심을 보였는데 그의 눈은 예술가답게 예리했다. 적극적으로 사회 문제에 가담하며 실천하는 학자이자 행동하는 양심으로 사람들에게 깊은 인식을 심어 주며 존경을 받았다. 톨스토이와 간디를 비롯한 많은 학자들은 러스킨을 당대 최고의 사회 개혁자라고 칭송하였다.

러스킨이 다방면에서 두각을 나타낼 수 있었던 것은 자신이 배우고 연구한 것을 책상이 아닌 길에서 실행했기 때문이다. 그는 행동하는 지식인의 표상이자 진정한 사회 개혁 주의자였다.

044

수상도 자리에서 물러나면
한 사람의 영국 국민일 뿐이다

어제의 수상도 자리에서 물러나면
한 사람의 영국 국민일 뿐이다.
_모리스 맥밀런

모리스 맥밀런 Maurice Harold Macmillan(1894~1986)
영국 수상 역임. 맥밀런 출판사 사장 역임

　모리스 맥밀런은 조상 대대로 출판사를 경영해 온 집안에서 태어나 이튼 칼리지와 옥스퍼드대학을 졸업했다. 졸업 후 맥밀런은 군에 입대해 제1차 세계대전에 참전해 총상을 입고 예편하였다. 그 후 정계에 뜻을 두고 1924년 보수당 하원의원 선거에 출마해 당선되었다. 그는 처칠 내각의 주택장관을 지냈으며 1954년에는 국방장관이 되었다. 이든 내각의 외무장관에 임명되었지만 몇 달

만에 물러난 뒤 재무장관에 임명되었다.

1957년 수상이던 이든이 실책으로 중도에서 물러나자 후임 자리를 놓고 당시 외무장관이었던 버틀러와의 경쟁에서 승리해 마침내 그는 수상이 되었다. 수상이 된 맥밀런은 1960년 '유럽 자유 무역 연합'을 발족시키고, 당시 소원했던 미국과의 우호 증진을 도모해 결속력을 강화했다.

맥밀런은 따뜻한 성품으로 영국 국민은 물론 각국의 지도자들과도 원만한 관계를 유지하며 경제 발전을 이룬 수상으로 평가 받고 있다.

"어제의 수상도 자리에서 물러나면 한 사람의 영국 국민일 뿐이다."

맥밀런의 겸허한 성품이 드러나는 말이다.

그의 성품에 대한 이야기이다. 수상에서 물러난 맥밀런이 정류장에서 전차를 기다리고 있을 때였다. 그는 신문을 보느라 전차가 도착한지도 몰랐다. 그때 한 소년이 소리쳤다.

"아저씨, 전차가 왔어요! 빨리 타세요!"

소년의 외침에 맥밀런이 고개를 들었다. 그는 소년 덕분에 무사히 전차에 올랐다.

"고맙다. 네 덕분에 전차를 놓치지 않았구나. 넌 이름이 무엇이냐?"

맥밀런은 만면 가득 미소를 띠며 말했다.

"전 조지예요. 열두 살이고요. 아저씨 성함은요?"

소년은 초롱초롱한 눈망울을 반짝이며 물었다.

"내 이름은 맥밀런이란다."

"맥밀런이라고요? 수상 아저씨와 이름이 똑같네요."

소년은 고개를 갸웃거리며 말했다. 그 모습을 보고 맥밀런이 웃으며 말했다.

"그래. 며칠 전까지만 해도 나는 수상이었단다."

맥밀런의 말에 소년은 눈을 동그랗게 뜨고 바라보며 들뜬 목소리로 말했다.

"저, 정말요?"

"그렇단다."

"수상이셨던 분이 왜 전차를 타려고 줄을 서서 기다리세요?"

소년은 이해할 수 없다는 듯이 말했다.

"조지야, 나는 며칠 전 까지는 수상이었지만, 지금은 그저 평범한 시민이란다. 어제의 수상도 자리에서 물러나면 한 사람의 영국 국민일 뿐이지."

맥밀런은 인자한 얼굴로 말했다. 소년은 맥밀런의 말에 고개를 끄덕이며 이해했다는 듯 활짝 웃었다.

맥밀런의 고결한 인품을 엿볼 수 있는 예화이다. 그는 공과 사를 엄격히 했을 뿐만 아니라, 자신이 만나는 모든 사람에게 자상했다고 한다.

'벼는 익을수록 고개를 숙인다'는 말처럼 한없이 겸허했던 그에게 영국 국민들은 아낌없이 존경심을 표했다.

045
지구는 둥글다
그러나 육지에 닿는다

지구는 둥글다. 그러나 육지에 닿는다.
_ 페르디난드 마젤란

(1480~1521)Ferdinand Magellan **페르디난드 마젤란**
포르투갈 출신 탐험가, 항해가

인류 역사상 최초로 세계 일주에 성공한 탐험가이자 항해자인 마젤란. 당시 지배적이던 생각을 깨고 그는 지구가 둥글다는 생각으로 탐험을 결심했다. 그는 자신의 꿈을 실현하기 위해 신념을 굽히지 않았다.

북아프리카 모로코 전쟁에 참전하여 큰 공을 세우고 사령관이 된 그는 전쟁 중에 한쪽 다리에 장애를 입고 말았다.

이후 조국으로 돌아온 마젤란은 평생의 꿈이었던 세계 일주를 위해 왕에게 지원을 간청했다. 당시 그는 불법 무역 거래를 했다는 의심을 받고 있던 터라 왕은 그의 청을 거절했다. 화가 난 마젤란은 포르투갈을 떠나 스페인으로 가서 국왕 카를로스 1세에게 자신의 계획을 말하고 지원을 요청하였다. 스페인 국왕은 그의 요청을 들어주었고, 1519년 8월 10일 그는 5척의 함대와 300여 명으로 구성된 선단을 이끌고 세계 일주에 나섰다.

마젤란은 대서양을 횡단하여 남아메리카의 대서양쪽 해안을 따라 남쪽으로 내려갔다. 제일 남단에 이르러 해협을 만나 통과하던 중 폭풍우에 휘말려 산티아고호가 난파되고, 산 안타니오호는 도망치고 말았다. 우여곡절 끝에 반대쪽 바다에 도착해서 바라본 바다는 잔잔하고 평온했다. 감격한 마젤란은 그 바다를 '태평양'이라고 이름 붙였다. 고생 끝에 그가 지나온 해협은 후에 '마젤란 해협'으로 명명 되었다.

마젤란은 사람들에게 항해를 계속할 것인지 물었다. 식량도 얼마 남지 않았고 배도 세 척 밖에 남지 않은 열악한 상황이었다. 고국으로 돌아가자고 하는 사람들이 압도적으로 많았다. 마젤란은 생각에 잠겼다. 해협을 발견한 것에 만족하고 돌아갈 것인지, 탐험을 더 할 것인지 고민했다. 생각을 굳힌 마젤란은 힘주어 말했다.

"우리는 끝까지 탐험을 계속한다. 우리를 믿고 지원해 준 국왕과의 약속은 반드시 지켜야 한다. 이것이 나의 생각이다."

말을 마친 마젤란은 항해를 명령했다. 배는 서쪽으로 나아갔다. 태평양에 대한 정보가 전혀 없어 매순간이 목숨을 건 항해였다.

마젤란은 각고의 어려움 끝에 지금의 괌에 도착했다.

마젤란과 선단들은 아름다운 풍광에 취해 연신 감탄했다.

"이런 곳에 이처럼 아름다운 바다와 섬이 있었다니! 정녕 놀라운 일이다."

마젤란은 항해를 재개해 이윽고 필리핀에 도착하였다. 마젤란은 필리핀에 도착한 것을 신대륙의 발견으로 여겼다. 마젤란은 감사한 마음으로 하나님께 기도 드렸고 이후로도 열심히 기독교를 전파했다. 세부 섬 추장을 비롯해 수백 명이 가톨릭 신자가 되었다. 하지만 애석하게도 막탄 섬에 가서 그는 돌아오지 못했다. 그곳 사람들에게 목숨을 잃고 만 것이다.

탐험대가 스페인에 도착했을 때 살아남은 사람은 300명 중 겨우 열여덟 명이었고, 배도 다섯 척 중 단 한 척뿐이었다.

마젤란의 삶이 위대한 것은 아무도 가보지 못한 길을 걸어가며 자신의 꿈을 이뤄 냈다는 것이다. 그는 목숨을 잃으면서까지 자신의 신념을 고수했다.

"지구는 둥글다. 그러나 육지에 닿는다."

마젤란의 말은 그의 신념을 현실로 이끈 사상이며 삶의 근간이었다.

046

가득 차도 뒤집히지 않는 것은 세상에 없다

세상에 가득 차도 뒤집히지 않는 것은 없다.
_공자

공자孔子(B.C 551~479)
중국 춘추전국시대 사상가, 학자, 유교의 시조, 어록 모음집 《논어》

"세상에 가득 차도 뒤집히지 않는 것은 없다."

공자가 제자들에게 남긴 말로 모름지기 사람은 매사에 겸손해야 함을 의미한다. 이 말의 유래에 대한 이야기이다.

공자가 제자들과 노나라 환공사당을 참배할 때였다. 제사상에 처음 본 술병이 놓여 있었다. 공자가 사당지기에게 물었다.

"저 술병은 무엇이오?"

"환공이 살아생전 늘 곁에 두고 좌우명으로 삼던 술병이옵니다."
"그래? 과연 환공이시로구나."

공자는 사당지기의 말을 듣고 나서 그 용도에 대해 바로 알아차렸다. 공자는 제자들에게 말했다.

"어서 물을 가져다 저 술병에 붓도록 하라."

명을 받은 제자가 물을 떠다 술병에 부었다. 그러자 신기한 일이 벌어졌다. 술병에 물이 들어가자 술병이 기울기 시작한 것이다. 물이 중간쯤 차자 병은 곧게 섰다. 물이 병의 주둥이까지 차자 술병은 뒤집히고 말았다. 공자는 제자들을 향해 말했다.

"세상에 가득 차도 뒤집히지 않는 것은 없다."

그때 한 제자가 고개를 갸웃거리며 말했다.

"선생님, 물의 양에 따라 세 가지 현상이 나타났는데 이것은 무슨 까닭이옵니까?"

공자가 말했다.

"사람도 이 술병과 같다. 총명한 사람은 자신의 어리석음을 알아야 하고, 공적이 높은 사람은 겸손하고 사양할 줄 알아야 하며, 용감한 사람은 두려워할 줄 알아야 하고, 부유한 사람은 근검절약할 줄 알아야 하느니라. 겸손하면 손해를 보지 않는 것도 이런 이치다."

공자의 뜻을 헤아린 제자들은 고개를 숙여 스승에게 예를 표했다.

공자가 동양 사상에서 차지하는 비중은 실로 엄청나다. 그는 사상가이자 학자이며, 유교의 시조로 수많은 제자를 길러 냈다. 특히 충과 효, 예를 중심으로 하는 유학을 가르치는 데는 평생을 바쳤다고 해도 과언이 아니다. 그가 남긴 수많은 어록들은 제자들이 정리해 묶어 냈는데 그것이 바로 《논어》이다.

공자는 배우고자 하는 이들에게 가르침을 아끼지 않았다. 그는 가르침을 하나의 직업으로 확립시킨 최초의 교사였다. 공자는 모든 사람은 자기 수양을 통해 덕을 쌓을 수 있다고 말했다. 그는 배움이 지식뿐만 아니라 인격을 수양하는 수단이라고 정의했다.

공자는 교육의 기능을 군자君子로 훈련되는 방법을 가르치는 것이라고 생각했다.

공자에게 교육, 즉 가르침은 삶의 근간이었다. 가르침을 통해 유교 사상을 확립하는 것은 그에게 소명이나 마찬가지였다. 그의 주변에는 항상 제자들과 배움을 청하는 이들로 사람이 넘쳐났다. 그의 제자를 자처하는 이들이 3,000여 명에 이르렀다고 하니 공자야 말로 교수의 근본이라고 할 수 있다.

047

조국의 흙을
내 무덤에 넣어 주십시오

내 조국 폴란드의 한 줌의 흙을
내 무덤에 넣어 주십시오.
_프레드릭 프랑수와 쇼팽

(1810~1849) Frédéric, Francois Chopin **프레드릭 프랑수와 쇼팽**
작곡가, 피아니스트
주요 작품 〈녹턴〉, 〈즉흥환상곡〉, 〈왈츠〉 외

'피아노의 시인'으로 불리는 쇼팽. 그의 〈야상곡〉을 듣고 있으면 그가 왜 피아노의 시인으로 불리는지 알게 된다. 잔잔하고 고요한 멜로디는 가슴을 파고들며 평온한 심성으로 물들인다. 천재 작곡가 쇼팽은 어렸을 때부터 모차르트에 견줄 만큼 실력이 뛰어나 주변 사람들을 놀라게 했다. 그는 여섯 살 때 피아노를 배우고, 일곱 살 때 〈폴로네이즈〉를 작곡했으며, 여덟 살 때 연주회를 열었다.

쇼팽은 바르샤바 중학교를 거쳐 바르샤바 음악원에 입학하였다. 그는 재학 중 피아노와 가극을 위한 작품 〈라치다램 변주곡〉을 작곡하며 유명해졌다. 이후 1829년에 발표한 〈피아노 협주곡 2번〉으로 유럽 일대에 이름을 알렸고 연주 여행을 통해 자신의 진가를 유감없이 발휘했다.

그가 빈에 도착했을 때였다. 그는 바르샤바에 혁명이 일어났다는 소식을 전해 듣고 돌아가겠다며 아버지에게 편지를 보냈다. 그의 아버지는 음악을 하는 것도 조국을 위한 일이라며 답장을 보냈다. 이후 쇼팽은 마음껏 꿈을 펼치라는 아버지의 권유로 프랑스행을 다짐했다. 쇼팽이 프랑스로 떠날 때 그의 아버지는 이렇게 당부하였다.

"애야, 너는 조국의 자랑이 되어야 한다. 그것이 곧 조국을 위해 애국하는 일이라는 것을 명심하여라."

"네, 아버지. 아버지 말씀대로 하겠습니다."

아버지의 당부에 쇼팽은 반드시 그렇게 하겠다고 대답했다. 교장 선생님 또한 그를 격려하며 말했다.

"쇼팽, 너는 조국을 위해 멋진 음악가가 되어다오. 그리고 언제나 조국 폴란드를 잊지 말거라. 이 흙을 가지고 가거라. 나의 선물이란다."

쇼팽은 주변 사람들의 환송을 받으며 프랑스로 떠났다. 프랑스로 간 쇼팽은 파리에서 연주회를 열었고 성공리에 마치며 유명해졌다. 그럼에도 그의 가슴 한 켠에는 조국 폴란드와 가족에 대한 그리움이 자리하고 있었다. 쇼팽은 외로운 상황 속에서도 자신이

해야 할 일에 대해서는 언제나 열정을 다 바쳤다.

프랑스에서 쇼팽은 초반에는 작곡가로 일하며 많은 곡을 썼다. 그의 대표적인 곡들은 대개 이 시기에 작곡되었다.

쇼팽은 멘델스존, 리스트, 슈만 등의 음악가와 빅토르 위고, 발자크, 뒤마, 하이네 등과 친분을 쌓으며 음악의 보폭을 넓혀 나갔다. 그러던 중 열일곱 살의 폴란드 소녀인 마리아 보진스키와 비밀 약혼을 했다가 그녀의 부모가 반대하는 바람에 물거품이 되어 상심의 나날을 보내기도 했다. 그럼에도 음악에 대한 열정은 밤하늘의 별처럼 그의 삶을 환하게 비췄다.

이후 소설가 조르주 상드를 만나 9년 동안 연인 관계로 행복한 시간을 보내며 음악 활동에 전념하였다. 하지만 그 행복도 길게 이어지지는 못했다. 쇼팽의 건강악화와 조르주 상드와의 문제로 헤어져야 했기 때문이다. 쇼팽은 건강을 회복하지 못하고 39세의 나이로 생을 마감하였다.

쇼팽이 위대한 음악가가 될 수 있었던 것은 뛰어난 재능과 더불어 열정과 신념이 있었기 때문이다. 그는 눈을 감기 전 이렇게 말했다.

"내 조국 폴란드의 한 줌의 흙을 내 무덤에 넣어 주십시오."

그의 생의 마지막 말에는 조국에 대한 애국심이 가득했다. 어디에 있든 자신의 뿌리를 잊지 않고 기억한 그는 폴란드가 낳은 최고의 음악가이다.

048

삶은 우리 자신이 만드는 것이다

삶은 우리 자신이 만드는 것이다.
늘 그래왔고 앞으로도 그럴 것이다.
_안나 매리 로버트슨 모제스

안나 매리 로버트슨 모제스 Anna Mary Robertson Moses(1860 ~ 1961)
화가
주요 작품 〈추수감사절용 칠면조 잡기〉, 〈단풍나무 농장에서 설탕 만들기〉 외
자서전 《내 삶의 역사》

미국의 국민 화가로 불리는 안나 매리 로버트슨(그랜마 모제스)은 72세에 그림을 그리기 시작해 세상을 떠날 때까지 무려 1,600여 점의 작품을 남겼다. 그녀는 실력을 인정받아 1941년 뉴욕 주 메달을 받았고, 1949년에는 트루먼 대통령으로부터 여성프레스클럽 상을 수상하였다.

그랜마 모제스가 미국 국민들에게 칭송 받는 것은 미술 정규

교육도 받지 않은 그녀가 인생의 황혼기에 독학으로 그림 공부를 시작해 열정적인 삶을 살았기 때문이다. 보통 일흔이 넘으면 은퇴해 삶을 여유롭게 보내지만 그랜마 모제스는 끝없이 자신을 계발하며 삶의 위대성을 실천했다.

그랜마 모제스는 미국 뉴욕 주의 작은 마을 그리니치의 가난한 농가에서 태어났다. 가난한 형편에 형제가 열 명이나 되다보니 학교 다니는 것은 꿈도 꾸지 못했다. 그녀는 십대 때부터 이웃 농장에서 일하며 집안을 도왔다. 그러다 농부인 토머스 모제스와 결혼하며 캠브리지로 갔다. 그녀는 농사일을 하며 힘들게 생활했다. 농사만으로는 살림이 어려워 잼과 과자를 만들어 팔아야 했다. 그녀의 삶은 한시도 여유가 없었고 늘상 일과의 전쟁이었다.

남편과 사별 후 그랜마 모제스는 형식에 구애받지 않고 그림을 그리기 시작했다. 한 번도 배운 적이 없었지만 보는 대로, 생각하는 대로, 느끼는 대로 그렸다. 그녀의 그림 소재는 주로 농촌이었다. 산과 들, 밭, 농장, 산 아래 마을, 농장의 사계, 추수하는 모습 등 사람들의 향수를 자극하는 소재들이었다. 그녀는 그림을 그릴 수 있어 무척 행복했다. 그림을 그리는 동안은 모든 것을 잊고 그림에만 집중하였다. 그러는 사이 그녀의 그림 실력은 나날이 늘어갔다.

그러던 어느 날이었다. 그녀에게 기회가 찾아왔다. 그랜마 모제스는 캠브리지 전시회에 출품할 그림을 그리고 있었다. 당시 그녀의 나이 78세였다. 그녀의 딸은 그림을 읍내 약국으로 가져 갔고, 약사는 그림 몇 점을 약국에 걸어 두었는데, 마침 우연히 들린 뉴욕의 미술품 수집가 루이스 J. 캘더의 눈에 띠어 맨해튼 화랑가로 진출하게 되었다. 우연의 계기를 통해 그녀의 첫 번째 전시회가 열렸고 결과는 대성공이었다. 그때 그녀의 나이 79세였다.

그 후 그녀의 그림은 뉴욕 화랑가에서 유명해지며 1939년에는 뉴욕 현대박물관에 전시되었다. 그녀의 그림은 유럽에 진출하여 파리의 국립 근대 미술관과 러시아 푸시킨 미술관에 전시되는 등 명성을 떨쳤다.

그랜마 모제스는 고향의 서정성을 통해 사람들의 마음을 사로잡았다. 서정성은 사람들의 마음을 움직인다. 사람들은 그랜마 모제스의 그림에 담긴 전원의 풍경을 보고 마음에 안식을 얻었다.

그랜마 모제스는 자신의 성공에 대해 묻는 사람들에게 말했다.

"삶은 우리 자신이 만드는 것이다. 늘 그래왔고 앞으로도 그럴 것이다."

그랜마 모제스의 말에는 삶에 대한 긍정의 에너지와 창조 정신이 가득 차 있다. 그녀는 가난과 배우지 못한 아쉬움을 극복하고 황혼기에 정점을 찍으며 멋지게 인생을 장식한 '꿈의 인생'이다.

049
최상의 상품이
최선의 결과를 낳는다

어째서 그 상품이 좋은가, 어째서 값이 싸며,
어째서 품질을 보장할 수 있는가를 설명하고,
이를 증명할 수 있다면 그 상품은 시장을 휩쓸 것이다.
_ 알버트 라스커

(1880~1952)Albert Lasker **알버트 라스커**

광고 전문가, 자선 사업가

광고 문안은 단순 정보만을 제공하지 않는다. 광고 문안이 적극적으로 상품을 파는 기능을 해야 한다고 역설한 알버트 라스커는 현대 광고의 창시자격인 인물이다. 라스커는 독일에서 태어나 어린 시절 미국으로 이민가 고등학교를 마친 후 시카고 로드앤드토머스 광고대행사에 급사로 취업하였다. 당시 광고대행사의 일은 고객들이 작성해 온 광고 문안을 받아 여러 출판 매체에게재하는 정도였다.

라스커는 수동적인 광고 대행의 시스템이 변화해야 한다고 느꼈다. 광고에 기획의 다양성과 혁신이 필요하다고 생각한 것이다. 광고 주체의 환경이나 이미지, 제품의 가치와 이미지, 광고 문안의 다양성 등이 변화의 대상이었다. 광고를 하는 이유는 제품을 많이 팔기 위함이므로 광고는 제품 판매에 결정적인 역할을 해야 한다. 그래야 광고가 제 역할을 다 하는 것이다.

라스커는 기존의 방식에서 벗어난 색다른 광고를 고안했다. 그는 인쇄물 광고에 자신이 생각하는 판매 기법의 다양성을 도입해 놀라운 성과를 냈다. 경험이 많은 사람들도 생각하지 못한 일을 그가 해낸 것이다. 그는 승진을 거듭해 수석 카피라이터가 되었고 마침내 1912년 그 회사의 대표가 되었다.

라스커의 회사는 광고계의 일대 혁신을 일으키며 광고계의 샛별로 떠올랐다. 라스커의 회사에 광고를 맡기기 위해 광고주들이 몰려들었다. 그의 회사는 날이 갈수록 발전했고, 세계 최대의 광고대행사가 되었다.

라스커 회사의 대표적인 광고를 살펴보는 것만으로도 그의 능력과 됨됨이를 알 수 있다.

"오렌지는 건강을, 캘리포니아는 부를"

그의 회사가 진행한 광고로 오렌지 주스와 함께 캘리포니아 주를 인상깊게 표현한 문안이다.

그 외 그리고 퀘이커사의 아침 식사용 시리얼을 선전하는 '총구에서 발사되는 곡식 낱 알갱이들'이라는 광고 문안은 소비자들에게 제품에 대한 깊은 인상을 주었다.

광고는 일초 일각이 중요하다. 급변하는 사회와 시장성, 트렌드의 흐름을 잘 파악해야 한다. 기획과 실행하는 자세가 무엇보다 중요하다. 라스커는 광고의 본질과 핵심에 집중했기에 남들보다 늦게 시작했지만 빠른 속도로 고지를 점령할 수 있었다.

라스커가 많은 사람들에게 깊은 인상을 준 것이 눈부신 업적 때문만은 아니다. 그는 자선사업에 전념하기 위해 회사를 분리했고 각기 푸트사, 콘사, 벨딩사로 재편 되었다. 1942년 그는 의학 연구를 후원하기위해 '앨버트 앤드메리 라스커 재단'을 설립해 의학 연구 장려금과 의학상을 제정하였다. 그의 후원은 의학 발전에 크게 기여했으며, 많은 사람들이 그를 광고계의 진정한 일인자라고 인정했다.

"어째서 그 상품이 좋은가, 어째서 값이 싸며, 어째서 품질을 보장할 수 있는 가를 설명하고, 이를 증명할 수 있다면 그 상품은 시장을 휩쓸 것이다."

라스커가 남긴 말에는 광고의 진정성이 담겨 있다. 광고의 역할이 상품 판매라는 그의 말에서 광고인의 프로다움이 느껴진다.

050
고개를 숙이면 부딪히는 법이 없다

고개를 숙이면 부딪히는 법이 없다.
_무명선사

무명선사無明禪師
조선시대 스님

조선시대 초기, 어느 암자에 학식이 뛰어나고 인품과 덕망이 높은 이가 있었는데 그가 누구인지는 정확히 알 수 없다. 어느 날 파주 원님으로 부임한 맹사성이 무명선사를 찾아왔다. 맹사성은 열아홉 살에 장원급제한 천재였다. 어린 나이에 관직에 오른 맹사성은 자만심에 우쭐하여 바람직하지 못한 행동을 하기도 했다. 맹사성은 학식은 뛰어났지만 인품은 여물지 않았다. 그런 그가 무명선사에게 이렇게 말했다.

"스님, 스님이 보시기에 이 고을을 다스리는 사람으로서 제가 우선시해야 할 좌우명이 무엇이라고 생각하십니까?"

그의 말을 듣고 무명선사가 말했다.

"나쁜 일을 하지 말고 백성들에게 선을 베풀면 됩니다."

맹사성은 빤한 대답에 못마땅한 얼굴로 말했다.

"그것은 삼척동자도 다 아는 사실이 아닙니까. 먼 길을 온 내게 해줄 말이 고작 그 말뿐이라니. 제가 스님을 잘못 알고 헛걸음을 한 것 같습니다."

맹사성은 자리에서 일어나 나가려 했다.

"이왕 오셨으니 녹차나 한 잔 하고 가시지요."

무명선사의 권유에 맹사성은 마지못해 다시 자리에 앉았다. 잠시 후 무명선사는 끓인 찻물을 찻잔에 따랐다. 스님은 찻물이 넘치는데도 계속 따랐다.

"스님, 찻물이 넘쳐 방바닥이 젖습니다."

맹사성의 말에도 무명선사는 아랑곳하지 않고 계속해서 물을 따랐다. 무명선사는 나직한 목소리로 말을 이어갔다.

"찻물이 넘쳐 방바닥을 적시는 것은 알면서 어찌 지식이 넘쳐 인품을 망치는 것은 모른단 말입니까?"

무명선사의 낮고 준엄한 말에 맹사성은 머리를 한 대 얻어맞은 것 같았다. 그는 황급히 자리에서 일어나 문을 열고 나가려다 문에 머리를 세게 부딪히고 말았다. 그 모습을 보고 무명선사가 빙그레 웃으며 말했다.

"고개를 숙이면 부딪히는 법이 없습니다."

등 뒤에서 들려오는 스님의 말에 맹사성은 얼굴이 발개진 채로 관아로 돌아왔다. 무명선사와의 만남은 맹사성에게 중요한 교훈을 남겼다. 그는 자신의 마음에 자리한 교만을 버리기로 굳게 마음먹고 말 한마디와 사소한 행동 하나하나에도 신중을 기했다.

이후 그의 삶은 180도 달라졌다. 그는 아랫사람을 대할 때도 함부로 하지 않았으며 손님이 방문하면 상석에 앉히며 배웅은 문밖까지 나가서 했다. 반면에 주요 관직에 있는 사람들에게는 냉엄하게 대했다. 강한 자에게는 강하고, 약한 자에게는 관대했다. 맹사성은 가마 대신 소를 타고 다닌 것으로도 유명하다. 그만큼 청빈한 삶을 살았다.

"고개를 숙이면 부딪히는 법이 없다."

그가 명재상이 되도록 깨우침을 준 이 말은 천금보다 값지다.

051
성공하는 사람들은
신속한 **결단력**의 소유자다

우유부단이야말로 성공을 가로막는 최대의 적이며,
성공하는 사람들은 신속한 결단력의 소유자다.
_ 나폴레온 힐

(1883~1970) Napoleon Hill **나폴레온 힐**
자기 계발 동기부여가, 작가
저서 《생각하라 그러면 부자가 되리라》, 《결국 당신은 이길 것이다》 외

    세계적인 성공학 작가이자 강연가인 나폴레온 힐. 그는 성공한 사람들의 연구를 집대성하여 자신의 가치를 드높이며 승승장구했다. 그가 쓴 《생각하라 그러면 부자가 되리라》는 지금 까지 5,000만부 이상이 팔린 베스트셀러이다. 그의 책과 강의를 통해 그가 조언한 대로 실천하여 성공한 이들이 많다고 한다. 과연 성공학의 대가이자 인생의 길라잡이라 할만하다.

성공학의 대가인 그의 청년 시절은 평범했다. 글쓰기를 좋아했던 그는 지역의 여러 신문과 잡지사에 글을 기고하면서 작가의 꿈을 키웠다. 그는 변호사가 되기 위해 대학에 입학했지만 학비와 생계를 위해 잡지사의 기자가 되었다. 그는 자신의 일에 열정을 가지고 발품을 팔며 새로운 기사 거리를 찾아다녔다.

그러던 어느 날이었다. 그는 세계 최고의 자산가 앤드류 카네기를 취재하는 행운을 맞게 되었다. 그는 카네기와 함께하며 어떻게 해서 세계 최고의 부자가 되었는지 알게 되었다. 그때 카네기로부터 뜻밖에 제안을 받았다.

"힐 군, 자네 성공한 사람들을 취재해 책을 내보지 않겠는가?"

나폴레온 힐은 카네기의 말을 듣고 곧바로 대답하지 못했다. 꿈에도 생각지 못한 제안이었기 때문이다.

"내가 앞으로 20년 동안 성공한 사람들 500인의 소개장을 써 주겠네. 그 사람들의 성공 비결을 체계적으로 연구하면 훌륭한 성공철학서가 될 것이라고 믿네. 다만 경제적인 측면에서는 그 어떤 도움도 줄 수가 없네. 어떤가. 한 번 시도해 보겠나?"

카네기는 인자한 미소를 지은 채 말했다.

"네! 한 번 해보겠습니다."

나폴레온 힐의 입에서는 기다렸다는 듯이 대답이 흘러나왔다. 카네기는 시계를 보며 말했다.

"힐 군, 자네가 나의 제안을 받아들이는데 꼭 29초가 걸렸군. 만일 1분을 넘겼다면 이 제안은 자네에게 맡기지 않았을 거야."

"감사합니다. 열심히 해보겠습니다."

나폴레온 힐은 이렇게 말하며 두 주먹을 꼭 쥐었다. 그 모습을 보고 카네기는 빙그레 미소 지었다.

그날 이후 나폴레온 힐은 20년 동안 카네기가 소개해 준 507명의 성공한 사람들을 만나 인터뷰하며 그들의 성공 비결을 분류해 치밀하게 분석한 뒤 글을 썼다. 그렇게 나온 책이 그의 출세작《생각하라 그러면 부자가 되리라》이다. 이 책은 그의 인생을 완전히 바꿔놓았다. 그는 성공학의 전문가로 각광받기 시작했고 날이 갈수록 명성이 높아졌다. 예금통장에는 높아진 명성만큼 돈이 쌓여 이내 백만장자가 되었다.

나폴레온 힐은 실천 프로그램인 'PMA'를 작성하여 널리 보급하였고, 그의 능력을 높이 산 윌슨 대통령은 그를 홍보 비서관에 임명했다. 루스벨트 대통령은 그를 고문관으로 임명하였다. 만일 그가 카네기의 제안을 받아들이지 않았다면 그는 평범한 사람으로 살았을 것이다. 그는 자신의 경험을 토대로 성공한 이들의 비결에 대해 다음과 같이 말했다.

"우유부단이야말로 성공을 가로막는 최대의 적이며, 성공하는 사람들은 신속한 결단력의 소유자다."

나폴레온 힐의 성공은 신속히 결단하고 실행에 옮긴 데 있었다.

052
나의 제2의 인생은 제1의 인생과 별 차이가 없을 것이다

내가 인생을 다시 한 번 걷게 된다면 나의 제 2의 인생은
제 1의 인생과 별 차이가 없을 것이다.
_윈스턴 처칠

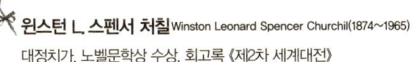

윈스턴 L. 스펜서 처칠 Winston Leonard Spencer Churchill(1874~1965)
대정치가, 노벨문학상 수상, 회고록 《제2차 세계대전》

인류의 역사에 길이 남을 윈스턴 처칠. 그는 영국의 수상을 두 차례나 역임했다. 영국 명문 귀족인 몰러버가의 후손으로 태어난 그는 대개의 귀족 자녀들과는 달리 공부를 잘하지는 못했다. 그는 해로우 공립학교에 꼴찌로 입학했고, 성적이 좋지 않아 부모의 바람과 달리 명문 대학에 진학하지는 못했다. 고민 끝에 그가 선택한 학교는 육군사관학교였다. 육군사관학교도 두 번이나 떨

어지고 세 번 도전한 끝에 겨우 합격했다. 사실 그는 못생긴 얼굴에 공부까지 못한, 지금으로 치면 아주 별 볼일 없는 학생이었지만 그의 내면에는 불굴의 의지와 신념이 내재되어 있었다. 그에게는 상대방을 끌고 오는 진지한 설득력과 강한 리더십이 있었다. 그에게는 사람들의 마음을 읽고 그 사람의 입장에서 생각하고 배려할 줄 아는 포용력이 있었다. 너그러운 성품에 문장력까지 뛰어났다. 공부로써는 도저히 흉내 낼 수 없는 조건을 두루 갖춘 사람이었다. 그는 전쟁에 나가 죽을 고비를 숱하게 넘기면서도 몸을 아끼지 않고 싸웠고 정치에 발을 들여 놓으면서는 화합과 결속력을 선보이며 지도자로서 면모를 과시했다.

처칠은 뛰어난 식견을 가진 인물이었다. 식견이 남다르다는 것은 폭넓은 지혜와 지식을 갖고 있음을 의미한다. 사물의 이치를 꿰뚫어 보는 눈, 어떤 일의 가치를 판단하는 능력은 깊이 있는 식견에서 비롯된다. 그의 폭넓은 식견의 비결은 풍부한 독서량이었다. 그는 다양한 독서를 즐기는 독서광이었다. 풍부한 독서는 그를 뛰어난 지성인으로 만들어 주었다.

처칠은 임기응변에도 아주 능했다. 그는 정계에 입문하여 당 지도층과 달리 자유무역을 주장하는 독자적인 주장을 펴 당의 반대에 부딪치는 위기에 빠지기도 했는데 결국 신념을 이루기 위해 당을 옮겼다.

그 후 자유, 보수 양당연립이 무너지고 총선에서 낙선하자 그는 다시 보수당으로 옮겼고 하원의원에 당선되었다. 그는 조국과 국민을 위한 일이라면 자신을 내던져서라도 뜻을 꼭 이루었다. 그의 뜨거운 열정과 노력은 수많은 경쟁자들 속에서 그를 돋보이게 했다. 강한 신념과 카리스마에 감복한 영국 국민들의 열화와 같은 지지 속에 마침내 그는 영국 수상이 되었다.

처칠의 강한 리더십과 뛰어난 능력은 그를 제2차 세계대전 당시 연합국의 대표 지도자가 되게 했다. 그는 누구도 흉내 낼 수 없는 멋진 활약을 보이며 전 세계에 자신의 이름을 알렸다.

그는 영국 국민들과 세계인들을 사로잡는 명연설가가 되어 깊은 감동과 신뢰를 주었고, 회고록《제2차 세계대전》을 집필하여 문학가가 아님에도 노벨문학상을 수상하여 노벨문학상 역사상 전무후무한 이력을 남겼다.

처칠처럼 자신의 인생을 만족해 하는 사람이 또 있을까. 그는 자신의 만족한 인생에 대해 이렇게 표현했다.

"내가 인생을 다시 한 번 걷게 된다면 나의 제2의 인생은 제1의 인생과 별 차이가 없을 것이다."

자신의 인생에 대해 스스로 만족했기에 그의 삶은 더욱 빛난다.

053
우리의 인생은 우리의 **생각**에 의해 만들어진다

우리의 인생은 우리의 생각에 의해 만들어진다.
_ 마르쿠스 아우렐리우스

(121~180)Marcus Aurelius 마르쿠스 아우렐리우스
로마 황제, 사상가
저서 《명상록》

　로마 황제이자 철학자인 마르쿠스 아우렐리우스. 그는 황제에 오르기 전인 청년기에 노예 출신의 스토아 철학자인 에픽테토스의 《담론》을 탐독하기를 즐겼다. 그는 철학에 흥미가 있었는데 그 결과 스토아 철학자의 반열에 올라서게 되었다.
　마르쿠스 아우렐리우스는 40세에 황제에 즉위했다. 황제에 오른 그는 민생을 보살피는 일에 열정을 쏟느라 헛되이 시간을 쓴

적이 없었다. 민생을 잘 보살피는 황제가 국민들의 존경을 받는 것은 당연하다. 그는 무소불위의 권력을 지닌 황제였지만 스토아학파의 철학자로서 권력을 앞세우기보다는 모든 것을 합리적으로 처리하였다.

특히 그는 법률 분야에 탁월한 지식과 흥미를 가지고 있었다. 그는 수많은 법령을 만들었으며 사법 판결에 따르도록 하였다. 민사법의 비정상적인 법률과 가혹한 조항을 삭제하여 노예를 비롯한 과부, 소수민족과 같이 국가의 혜택을 적게 받거나 거의 받지 못하는 계층의 비율을 줄여 나갔다. 상속 분야에서 혈연을 인정한 것도 그의 업적이다. 그가 법에 관심을 가졌던 이유는 인간의 권리를 보호함으로써 민생들의 행복한 삶을 법률적으로 보장해 주고 싶었기 때문이다. 그는 권력자가 아닌 봉사와 헌신의 정신으로 황제의 직무를 수행했다.

전임 황제들이 그리스도교도들을 탄압하고 그들의 삶을 옥죄었던 것에 대해 그는 비판적인 견해를 가졌다. 그는 그들에게 어떤 탄압도 가하지 않았다. 그는 그리스도교도들 역시 인간의 권리를 가진 존재로 인식했다. 그는 어떤 상황에서도 자신의 철학을 흔들림 없이 실행에 옮겼다.

마르쿠스 아우렐리우스는 황제로서 수많은 재난을 겪었다. 동쪽으로는 파르티아 제국이, 북쪽에서는 게르만족이 거듭 침략해 왔다. 그는 로마의 황제 중 가장 많은 시간을 전쟁터에서 보냈다.

마르쿠스 아우렐리우스는 철학자로서의 본분을 착실히 실행한 실천가였다. 그는 어려운 직무를 수행하면서도 공부와 사색을 멈추지 않았다. 자신이 겪는 난관을 통해 깨달음을 얻었으며 그것을 문장으로 옮겨 놓았다. 그는 깨달음이 있는 곳이면 장소를 가리지 않고 차곡차곡 문장으로 쌓아 올렸다. 그는 황제이기 전에 철학자였으며, 학자였다.

평화로운 시기에는 주어진 업무만 제대로 수행하면 국민에게 존경받는 지도자, 사랑받는 지도자가 될 수 있다. 반면 격변기 혹은 위태로운 시기에 지도자가 되는 것은 쉽지 않다. 무거운 짐을 등에 지고 산 정상을 맨발로 오르는 것보다 더 힘들고 고달프다. 마르쿠스 아우렐리우스의 위대함은 격변기를 극복하고 자신의 삶을 성공으로 이끌어 낸 데 있다.

"우리의 인생은 우리의 생각에 의해 만들어진다."

마르쿠스 아우렐리우스의 생애가 응축되어 있는 말이다. 그는 자신이 경험했던 숱한 고난을 극복하며 로마의 위대한 황제로 거듭났다.

054
나는 뛰어가서
기회를 잡았을 뿐이다

나는 불가능을 모른다.
나는 뛰어가서 기회를 잡았을 뿐이다.
_ 월트 디즈니

월트 E. 디즈니 |Walter Elias Disney(1901~1966)
만화 제작자, 만화가

    월트 디즈니는 진정한 예술인의 혼을 지닌 장인이었다. 그는 돈을 벌기 위해 영화를 만드는 것이 아니라 영화를 만들기 위해 돈을 번다고 말했다. 그의 말에서 확고한 장인 정신이 느껴진다. 그의 장인 정신은 그에게 부와 명예를 아낌없이 쏟아 부어 주었다.

    어린 시절 디즈니는 아버지의 사업 실패로 공부도 제대로 배우지 못하고, 농사일을 거들어야 했다. 그는 틈만 나면 석탄 조각으로 남들이 징그럽게 여기는 새까만 쥐를 그렸다. 디즈니는 스케치 실력이 매우 뛰어났는데, 어린 시절 그림 그리기를 즐겨한 덕분이었다.

디즈니는 광고대행사에서 일하면서 영화 간판부터 광고 책자를 위한 다양한 그림들을 그리며 영화 제작에 관한 기초적인 기술을 익혔다. 시간이 흘러 디즈니는 만화영화에 점차 관심을 갖게 되었다. 그는 감정의 표현을 자연스럽게 하며 마치 살아 움직이는 듯 생동감 넘치는 영상을 상상했다. 디즈니는 머릿속으로 상상되는 이미지를 구현하기 위해 칼 루츠가 쓴 만화 입문서를 바탕으로 인간과 짐승의 동작에 대해 연구하기 시작했고, 낡은 카메라를 빌려 밤마다 창고에 틀어박혀 카메라 작동 법을 익혔다.

만화영화에 대한 그의 열정은 집착에 가까울 정도였다. 각고의 노력 끝에 그는 '래프 오 그램'이라는 회사를 설립하고, 단편 만화영화를 제작했다. 그의 피나는 노력에도 불구하고 흥행 결과는 참담했다. 첫 만화영화 제작에 실패하자 디즈니는 크게 실망했지만, 도전을 멈추지는 않았다. 그는 캔자스를 떠나 형이 있는 할리우드로 가서 형 로이 디즈니와 '디즈니 브라더스'라는 애니메이션 스튜디오를 차리고, 검은색 토끼 캐릭터 '오스왈드'를 만들어 유니버설사를 통해 배급하여 큰 성공을 거두었다. 전 세계적으로 유명한 '미키마우스'도 이때 만들어졌다.

미키마우스는 생쥐에서 착안한 것인데 지금도 전무후무한 만화 캐릭터이다. 미키마우스는 전 세계의 어린이들뿐만 아니라 어른들까지 매료시켰다. 미키마우스의 탄생 배경에는 재미난 일화가 있다. 디즈니가 밤늦게까지 일할 때 였다. 어디서 나타났는지 생쥐 한 마리가 그의 눈에 띄었다. 순간 어린 시절 즐겨 그렸던 생쥐가 생각났고 그림을 그리기 시작했다. 순간의 아이디어는 그에게 엄청난 부와 명예를 가져다주었다. 창의력의 힘을 여실히 보여 준 디즈니의 '미키마우스'와 '아기 돼지 삼형제'는 만화영화로 제작되어 그에게 엄청난 부와 명성을 가져다주었다.

디즈니가 만든 만화영화는 만드는 족족 인기리에 상영되었고, 전 세계 어린이들로부터 사랑 받았다. 그가 그린 캐릭터는 만화영화는 물론 의류와 문구류, 시계, 목걸이, 신발 등 다양한 분야에 사용되었고, 지금도 변함없이 사랑 받고 있다. 그가 만든 60여 개의 캐릭터는 어린 시절 그가 즐겨 그렸던 동물들에게서 아이디어를 얻은 것이다. 그는 자신의 성공 비결에 대해 이렇게 말했다.

"나는 불가능을 모른다. 나는 뛰어가서 기회를 잡았을 뿐이다."

디즈니는 가난했지만 그의 꿈은 언제나 그에게 도전 정신을 심어 주었다. 그는 배움도 짧았고, 넉넉하지 못한 환경 속에서 자랐지만 창의력과 독창성을 바탕으로 치열하게 노력한 끝에 성공을 이루었다. 디즈니는 창의력의 가치를 몸소 보여 준 혁신가였다.

055
종업원이 행복해야
고객도 행복하다

우리 회사의 최우선 순위는 직원들이다. 그 다음은 고객의 만족이다.
종업원이 행복해야 고객도 행복하다. 직원이 고객을 잘 대하면 고객은 다시 찾아 올 것이다.
이것이 바로 사업 수익의 원천인 것이다.
_ 하워드 슐츠

(1953~현재)Howard Schultz **하워드 슐츠**
스타벅스 CEO
저서 《온 워드》 외

　세계 제일의 커피 전문 회사 스타벅스의 CEO인 하워드 슐츠. 그는 감성을 접목시킨 마케팅으로 기존 커피 전문점과 차별화되는 스타벅스만의 강점을 부각시키며 전 세계에 17,000여 개가 넘는 체인점을 낸 이른바 커피계의 재벌이다.
　지독한 가난으로 미국 연방정부 보조 주택 지역인 브루클린 카니지 빈민촌에서 생활해야 했던 그는 아버지를 보며 다짐했다. 노동자였던 아버지는 평생을 삶과 불화하며 살았지만, 자신은 반드시 원하는 삶을 살겠다고. 배우지 못한 아버지가 가진 자들로부터 부당한 대우에 좌절하며 절망할 때 자신은 어려운 사람들을 인격적으로 대할 것이라고 굳게 맹세했다. 미식축구 특기생으로 노던 미시건대학을 마친 그는 제록스사에 입사해 세일즈를 하며 사회에 발을 들여 놓았다. 그는 집념과 끈기를 바탕으로 세일즈를 펼쳤고 그 지역 최고의 프로 세일즈맨이 되었다.

그러던 중 스타벅스에 관심을 갖게 되었고, 성장 가능성을 발견했다. 그는 스타벅스에 입사한지 1년이 지난 어느 날 이탈리아에 가게 되었다. 그곳에서 그는 자신의 인생을 바꿀 큰 결심을 했다. 거리마다 수없이 늘어선 감성적인 커피숍의 모습에 전율할 만큼 감동한 것이다. 미국에서는 상상조차 할 수 없는 풍경이라 더욱 신선했다.

미국으로 놀아온 슐츠는 이탈리아 커피숍의 분위기를 미국에 도입하는 계획을 세웠지만, 스타벅스의 세 명의 경영자들을 설득하는 데는 실패했다. 그는 포기하지 않고 자신이 직접 회사를 경영할 계획을 세워 투자자를 모집하였고 우여곡절 끝에 일 지오날레를 창업했다. 하지만 그의 마음속에는 스타벅스를 인수하는 꿈이 언제나 풀빛처럼 빛났다. 그는 자신의 꿈을 위해 사람들을 설득하며 차근차근 준비해 나갔다.

그리고 마침내 1986년 스타벅스의 CEO가 되었다. 당시 작은 구멍가게에 불과했던 스타벅스에서 슐츠는 가능성을 보았고 자신의 인생을 전부 걸었다. 많은 사람들은 그의 계획을 부정적으로 평가했지만 그는 자신의 생각에 동조하는 이들과 꿈을 일구기 시작했다.

집에서 편안하게 커피를 마시는 듯한 분위기를 연출하기 위해 인테리어를 비롯해 선곡 하나하나에도 세심하게 주의를 기울였다. 바리스타와 매장 직원들은 고객들에게 최선을 다했으며 품격이 다른 서비스로 고객들에게 감동을 주었다. 커피 맛에 민감하고, 자신들이 받는 서비스를 당연한 권리로 인식하는 고객의 심리를 파악해 적용한 결과였다.

그 후 10년이 지난 스타벅스는 직원 25,000여 명과 미국을 포함한 세계 각지에 1,300여 개의 체인점을 거느린 대규모 커피 회사로 성장하였다. 성장 이후 그가 스타벅스를 떠나자 스타벅스는 서서히 내리막길을 걷기 시작했다. 2008년 글로벌 금융위기와 주가 폭락으로 심각한 위기에 빠진 스타벅스를 구하기 위해 그는 다시 경영을 맡았고 3년 만에 흑자로 돌려놓았다. 더 크게, 더 높이 스타벅스를 성장시키는 저력을 보여 주었다.

"우리 회사의 최우선 순위는 직원들이다. 그 다음은 고객의 만족이다. 종업원이 행복해야 고객도 행복하다. 직원이 고객을 잘 대하면 고객은 다시 찾아 올 것이다. 이것이 바로 사업 수익의 원천인 것이다."

그의 말에서 직원들을 소중히 여기는 경영자의 신념이 느껴진다. 직원들을 인격적으로 대하자 충성도와 효율성이 증대되었고 그 결과 스타벅스는 세계적인 커피 회사로 정상에 서게 되었다.

056

일하는 것, 이것만이 살고 있다는 증거다

단 일분도 쉴 수 없을 때처럼 행복한 일은 없다.
일하는 것, 이것만이 살고 있다는 증거다.
_장앙리 파브르

장앙리 파브르 Jean Henri Fabre(1823~1915)
생물학자, 린네상 수상, 레지옹 도뇌르 훈장 수훈
저서 《파브르 곤충기》

《파브르 곤충기》의 저자인 파브르는 인류 역사에 찬란한 금자탑을 세운 생물학자이자 교수였다. 파브르는 당시 남들이 관심 갖지 않던 곤충들의 세계를 추적하며 한 평생을 바친 곤충의 아버지이다. 그의 곤충에 대한 집요한 탐구 정신은 곤충학이라는 새로운 학문의 영역을 개척하는 데 한 사람이 이룬 업적으로는 숭고할 정도로 크게 기여했다.

파브르는 시골 농가에서 태어났다. 집이 가난하여 장난감을 살 수 없어 그는 벌레들을 장난감 삼아 놀았다고 한다. 동물에 대한 그의 관심은 단순한 것이 아니었다. 그는 벌레의 생김새를 관찰하고 생활하는 모습을 세심하게 살폈다. 곤충에 대한 관심은 자라면서 더욱 깊어졌다. 어려운 집안 환경으로 낮에는 돈을 벌기 위해 시장에서 과일을 팔고, 저녁에는 공사장에서 일해야 했지만 곤충에 대한 관심은 식지 않았다. 돈이 없어 노숙을 하면서도 희망은 잃지 않았다.

파브르는 철도 공으로 취직해 받은 첫 월급으로 벌레와 꽃, 새들을 소재로 한 시집을 사서 읽으며 그동안 몰랐던 사실을 알아가는 즐거움에 푹 빠졌다. 그는 열심히 공부하여 고학으로 사범학교를 졸업하고 중학교 교사가 되었다. 그는 야외 수업을 통해 아이들에게 생생한 가르침을 주었고, 아이들도 그와 공부하는 것을 좋아했다. 파브르의 수업 방식은 널리 알려져 그 학교에 입학하려는 학생들이 날로 증가하였다.

교사 생활을 하면서도 곤충에 대한 연구는 계속 되었다. 곤충은 그에게 꿈이며 미래였다. 그는 코르시카 섬에 가서 새롭게 둥지를 틀어 섬에 서식하는 동식물에 깊은 관심을 가졌다. 그는 유명한 생물학자인 에스프리 르키앙과 함께 연구하며 새로운 사실을 발견할 때마다 환희를 느꼈다. 그러나 연구에 매진한지 얼마 되지 않아 그는 건강을 잃었고 치료를 위해 섬을 떠나 아비뇽으로 왔다.

어느 날 그는 곤충학 연구의 권위자인 레옹 뒤프르의 연구가 잘못되었음을 발견했다. 뒤프르는 노래기벌이 엉덩이 침으로 비단벌레를 쏘아 죽인다고 했는데 관찰을 통해 죽은 것이 아니라 신경이 마비된 것이라는 사실을 알아냈다. 파브르는 뒤프르의 이론이 틀렸다는 것을 논문으로 써서 발표했고 그 논문으로 학계의 주목을 받게 되었다. 뒤프르는 물론 《종의 기원》의 저자로 유명한 찰스 다윈에게도 아낌없는 찬사를 받았다. 그는 공적을 인정받아 프랑스 학술원으로부터 상을 받으며 학자로서의 입지를 다졌다.

곤충학자로 이름을 알리는 데는 성공했지만 그의 생활고는 여전했다. 그는 생활고를 위해 전망이 밝은 염색 산업에 종사하기도 했다. 곤충을 연구하기 위해 돈을 벌어야 하는 빠듯한 여건에도 연구에 대한 열정은 식지 않았다.

그는 교직에서 물러난 뒤로 세리냥의 외딴 도시에 자리 잡고 곤충기를 쓰기 위해 산과 들을 열심히 헤집고 다녔다. 열악한 환경에 죽을 고비도 여러 번이었지만 연구는 계속 되었다. 그의 책 쓰기는 28년 동안 계속 되었고, 열 권의 《파브르 곤충기》로 완간되었다. 그는 평생을 가난하게 살았지만 연구는 한 번도 멈춘 적이 없었다. 그는 일에 대한 자신의 철학을 다음과 같이 말했다.

"단 일분도 쉴 수 없을 때처럼 행복한 일은 없다. 일하는 것, 이것만이 살고 있다는 증거다."

평생 자신의 일을 사랑했던 파브르, 그는 일을 행복의 수단으로 승화시킨 인물이다.

057
앞으로 나아가는 사람에게는
행복이 따르고 멈추는 사람에게는
행복도 멈춘다

사람들은 일 년 먹을 양식을 광에 저장하듯이 행복도 비축해 두었다가
하나하나 소비할 수 있는 것으로 생각한다. 이것은 잘못된 생각이다.
사람은 앞으로 나아가는 것이지 한군데 머무르는 것이 아니다.
앞으로 나아가는 사람에게는 행복이 따르고 멈추는 사람에게는 행복도 멈추는 법이다.
_랄프 왈도 에머슨

(1803~1882)Ralph Waldo Emerson 랄프 왈도 에머슨
사상가, 시인, 수필가
저서 《자연》, 《대표적 인물》, 《영국의 특성》 외

    미국 초절주의의 대표적 인물 랄프 왈도 에머슨. 그는 사상가이자 작가로 시와 소설, 수필, 강연 등 다방면에서 뛰어난 재능을 발휘하였다. 그가 쓴 책은 많은 사람들에게 읽혔고, 사상과 철학은 많은 이들의 삶에 영향을 끼쳤다. 그의 사상과 철학 밑바탕에는 초절주의가 깊이 내재해 있다. 초절주의는 19세기 미국 사상가들이 주장한 이상주의적 관념론에 기초한 사상 개혁 운동을 말한

다. 이성보다는 직관을 앞세우고, 사회보다는 개인을 중시하며 전통과 관습 등의 구속으로부터 벗어나 자연 속에서 새로운 기쁨과 삶의 의미를 찾는 주의이다. 미국의 초절주의는 청교도적 관념론과 에머슨의 사상이 어우러진 미국식 낭만주의라고도 할 수 있다.

에머슨이 시를 쓰기 시작한 것은 미국 보스턴 공립 라틴어 학교에 입학하면서부터였다. 그가 쓴 시들은 좋은 반응을 얻었다. 이후 그는 하버드대학을 졸업한 뒤 유니테리언 교회에서 설교하는 자격을 얻었고, 보스턴 제2교회의 목사가 되었다. 그의 설교는 신자들의 마음을 움직이며 명성을 얻기 시작했다. 그러던 중 아내가 결핵으로 죽자 슬픔에 잠겨 신앙과 목사라는 직업에 대해 깊은 회의를 느끼고 성직에서 물러났다.

에머슨은 자기 스스로 얻게 되는 계시, 즉 신을 직접 경험하기를 원했는데 유럽 여행을 통해 인간과 자연의 영적 교류가 있음을 깨달으며 신념이 더욱 견고해졌다. 에머슨은 여행에서 돌아와 《자연》을 쓰기 시작했다.

에머슨은 재혼으로 심리적 안정을 찾은 뒤 자기만의 색깔이 있는 문학가가 되었다. 그는 18세기 합리주의에 이상적인 철학을 개진하였다. 감각적 경험과 사실로 이루어진 물질의 세계를 초월하는 능력, 우주에 내재하는 영혼을 깨달고 인간 자유의 잠재력을 의식할 수 있는 능력을 주장했다. 개인은 자기 자신이 되려는 용기를 지녀야 하며, 자신의 직관에 따라 살면서 내적인 힘을 신뢰해야 한다고 주장했다.

에머슨은 문학가로서도 뛰어난 재능을 보였다. 그는 두 권의 시집을 출간하였는데 이 시집으로 뛰어난 시인이라는 명성을 얻었다. 그가 시인과 사상가로서 존경받을 수 있었던 것은 삶에 대한 사색 덕분이었다. 그는 삶에 대한 끊임없는 물음과 사색으로 새로운 사상을 이끌어 냈다. 삶의 본질, 신과 나의 관계, 인간과 인간관계, 인간과 자연에 대한 시사점을 명쾌하게 짚어 냈다.

"사람들은 일 년 먹을 양식을 광에 저장하듯이 행복도 비축해 두었다가 하나하나 소비할 수 있는 것으로 생각한다. 이것은 잘못된 생각이다. 사람은 앞으로 나아가는 것이지 한군데 머무르는 것이 아니다. 앞으로 나아가는 사람에게는 행복이 따르고 멈추는 사람에게는 행복도 멈추는 법이다."

에머슨의 행복론이 집약된 말로 행복에 대한 그의 가치관이 잘 나타나 있다.

058
나비처럼 날아
벌처럼 쏠 것이다

나비처럼 날아서 벌처럼 쏠 것이다.
_무하마드 알리

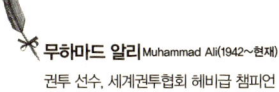
무하마드 알리 Muhammad Ali(1942~현재)
권투 선수, 세계권투협회 헤비급 챔피언

"나비처럼 날아서 벌처럼 쏠 것이다."
세계 챔피언의 영광을 세 번이나 거머쥔 복싱계의 살아 있는 전설 무하마드 알리의 말이다. 거침없이 쏟아 내는 그의 공격은 전 세계 복싱 팬들을 흥분시킨다. 그의 공격은 마치 벌이 날아가 벌침을 쏘는 것처럼 정확하고 예리하다. 정확하고 날카로운 공격이 있어 그는 세계 챔피언의 자리에 세 차례나 오를 수 있었다.

그가 복싱계의 전설이 된 것은 단지 그가 위대한 선수이기 때문만은 아니다. 그는 훌륭한 인격자로 가난하고 어려움에 처한 사람들에게 도움을 주었다. 평소 그는 모범적인 생활을 하며 많은 이들에게 귀감이 되었다.

그가 훌륭한 선수가 될 수 있었던 것은 뛰어난 재능과 더불어 피나는 연습으로 현란한 테크닉과 스피드를 갖추었기 때문이다. 190센티미터가 넘는 키에 100킬로그램이나 되는 거구에도 그의 몸놀림은 플라이급 선수처럼 가볍고 날랬다.

알리가 복싱을 배운 이유는 단순했다. 그는 열세 살이 되던 해에 동네 깡패로부터 자신을 보호하기 위해 경찰에게 복싱을 배웠다. 그는 몸놀림이 매우 유연했고 스피드가 탁월해 복서로 대성할 자질이 보였다. 거기에 강인한 의지와 끈기까지 더해지니 복싱 선수로서는 금상첨화였다.

그는 복싱에 빠져 사춘기를 보냈다. 그 결과 그의 나이 열일곱 살에 골든 글러브 챔피언이 되었다. 1960년 로마 올림픽에 참가해서는 열여덟 살의 어린 나이로 헤비급 금메달을 획득하였다.

알리는 1964년 헤비급 세계 챔피언인 차를레스 리스톤과의 타이틀 매치에서 그를 누르고 권투 역사상 두 번째로 어린 나이에 챔피언에 올랐다. 경기 후 그는 자신이 이슬람교도임을 밝히며 자신을 '무하마드 알리'로 불러 달라고 공포하였다. 그는 종교적 신념에 따라 베트남 전쟁의 참전을 거부했는데 그 대가로 3년 반 동안 선수 자격 및 챔피언 자리를 박탈당하고 출국도 금지 당했다. 그는 '알리'라는 이름을 쓰지 못하게 하는 사람들과도 대적했다.

그는 어떤 제약에도 신념을 굽히지 않았고 3년 5개월의 긴 싸움 끝에 무죄 선고를 받았다. 선수 자격을 얻은 그는 당시 챔피언이었던 조 프레이저에게 도전했으나 실패하고, 그로부터 3년 후 무쇠 주먹이라 불리는 조지 포 먼에게 도전장을 내밀었다. 대부분의 사람들은 포 먼의 승리를 장담했지만, 알리는 자신의 승리를 강력히 주장했다.

그는 막강한 상대 포 먼을 10회에 KO로 눕히고 10년 전 부당하게 빼앗긴 챔피언 벨트를 되찾으며 자신의 진가를 전 세계에 알렸다. 이후에도 시련은 끊이지 않았지만 불굴의 의지로 위기를 극복해 나갔고 마침내 헤비급 최초로 챔피언 자리에 세 번이나 오른 복싱계의 살아있는 전설이 되었다.

알리는 많은 복싱 전문가들로부터 '역사상 가장 위대한 헤비급 챔피언'으로 평가 받는다. 그는 지구촌 모든 흑인들이 꿈이며 불굴의 상징이었다. 링 밖에서도 화려한 스포트라이트를 받았던 알리. 그는 수백만 달러를 대학과 단체에 기부하는 따뜻한 복서였다. 지금도 그는 미국인들뿐만 아니라 그를 기억하는 전 세계인들에게 영원한 챔피언으로 남아 있다.

059
무언가를 간절히 원할 때 온 우주는
소망이 실현되도록 도와준다

무언가를 간절히 원할 때
온 우주는 소망이 실현되도록 도와준다.
_ 파울로 코엘료

(1947~현재)Paulo Coelho 파울로 코엘료
소설가, 1986년 《순례자》로 데뷔
주요 작품 《연금술사》, 《베로니카 죽기로 결심하다》,
《피에트라 강가에서 나는 울었네》, 《11분》, 《오자히르》외

　브라질 출신의 세계적인 작가 파울로 코엘료. 그의 대표작《연금술사》는 자아를 찾아가는 한 젊은이의 여정을 그린 동화 같은 소설로 '어린 왕자'의 순수성을 보는 듯한 착각마저 드는 작품이다. 그의 작품은 성경을 우화로 풀어쓴 듯 가깝게 다가온다. 특히《연금술사》는 전 세계적으로 1억 부나 팔린 초대형 베스트셀러이다.
　그는 프랑스 정부로부터 레지옹 도뇌르 훈장을 받았다. 그는

브라질에 코엘료 인스티튜트라는 비영리단체를 설립해 빈민층 어린이와 노인들을 위한 자선사업을 벌이고 있다. 그는 누구보다 치열하게 살아온 이 시대의 진정한 작가이다.

파울로 코엘료의 삶은 기복이 매우 심했다. 한 사람의 인생을 놓고 볼 때 아이러니하다고 할 만큼 그의 삶에는 다양한 경험이 산재되어 있었다. 그는 꿈 많은 십대 시절에 집안의 불화로 정신병원 신세를 지게 되었다. 청년 시절에는 브라질 군사 독재에 항거하며 반정부 활동을 펼치다 두 차례나 감옥에 갇혀 고문을 당했다.

그 후 그는 히피 문화에 빠져 록밴드를 결성해 120여 곡을 써 브라질 록음악에 막대한 영향을 끼쳤다. 그 와중에도 글재주가 뛰어나 저널리스트, 희곡 작가, 연극 연출가, 텔레비전 프로듀서 등 다양한 분야에서 일하며 자신의 영역을 넓혀 나갔다.

그는 1982년에 떠난 유럽 여행에서 신비로운 경험을 하게 되었는데 그 계기로 새로운 삶을 찾아 나서게 되었다. 당시 그는 세계적인 음반 회사의 중역 자리를 맡고 있었지만 미련 없이 자리를 버리고 산티아고 데 콤포스텔라로 순례를 떠났다. 순례길은 그에게 새로운 세계를 보여 주었다. 그곳은 마치 인간의 세계에서는 있을 수도 없는, 천상의 세계에서나 있음직한 환상의 세계였다. 생텍쥐페리가 아프리카 사막에 불시착하면서 느낀 신비로운 경험을 통해 《어린왕자》를 썼듯이 파울로 코엘료 역시 자신의 경험을 바탕으로 《순례자》를 썼다. 《순례자》로 본격적인 작가의 길에 접어든 그는 이듬해 《연금술사》를 썼다.

그는 전 세계에 폭넓은 독자층을 가지고 있다. 파란만장했던 그의 삶은 창작의 자양분이 되었으며 작품을 생동감 넘치게 했다. 다양한 경험은 소설의 인물을 설정하는 데 매우 중요하다. 삶의 굴곡이 고통으로 다가올 때도 있지만 활용하기 나름이다. 파울로 코엘료는 삶의 굴곡을 긍정적으로 받아들여 위대한 작품으로 승화시켰다. 모든 일은 관점에 달려 있다. 주어진 여건이 같아도 관점에 따라 삶의 방향이 달라진다. 그는 《연금술사》에서 다음과 같이 말했는데, 이 말은 그의 신념이기도 하다.

"무언가를 간절히 원할 때 온 우주는 소망이 실현되도록 도와준다."

그가 세계적인 작가가 될 수 있었던 것은 간절한 믿음과 그 믿음을 실행에 옮긴 열정의 결과였다. 만일 경험했던 것을 자기 안에 묵히기만 했다면 그는 작가가 될 수 없었을 것이다. 파울로 코엘료는 자신이 원하는 것을 간절히 바라고 실천했기에 성공할 수 있었다.

060

세월은 사람을 기다려 주지 않는다

청춘은 다시 돌아오지 않고 새벽은 하루에 한 번 뿐이다.
좋은 시절에 부지런히 힘쓸지니 세월은 사람을 기다려 주지 않는다.
_도연명

도연명 陶淵明(365~427)
중국 시인
주요 작품 《오류선생전》,《도화원기》,《귀거래사》

중국 동진 말기에 태어나 남조의 송나라 초기에 살았던 시인 도연명. 그는 흘러가는 청춘을 주제로 다음과 같은 시를 남겼다.

盛年不重來 성년부중래　一日再難晨 일일재난신
及時當勉勵 급시당면려　歲月不待人 세월부대인

'청춘은 다시 돌아오지 않고, 새벽은 하루에 한 번 뿐이다. 좋은 시절에 부지런히 힘쓸지니, 세월은 사람을 기다려 주지 않는다'는 뜻이다. 그의 표현대로 한 번 지나간 청춘은 두 번 다시 돌아오지 않는다. 그는 시간의 소중함을 깊이 깨달아 시간 낭비를 스스로도 엄격하게 다스렸다.

그의 대표작이라고 할 수 있는 〈귀거래사〉는 고향을 떠나 살다 다시 고향으로 돌아가는 시적 화자의 마음이 절절하게 배어 있어 읽는 이들의 마음을 잔잔하게 울린다.

도연명은 29세에 벼슬길에 올랐지만 늘 전원생활을 동경했다. 그로부터 10여 년을 흘려보낸 뒤 그의 나이 41세에 누이의 죽음을 구실로 관직을 사임하고 낙향하였다. 다음은 그가 사임한 또 다른 이유에 대한 일화이다.

도연명은 405년 되던 해 팽택 현령이 된지 80여 일 만에 사임했다. 그해 말 심양군 장관의 직속인 순찰관이 순찰을 온다고 하여 아랫사람이 진언했다.

"어서 의관을 정제하고 맞아 주십시오."

도연명은 다음과 같이 대답하고 벼슬을 내려놓았다.

"오두미(월급) 때문에 허리를 굽혀 향리의 소인을 섬기는 일을 할 수는 없네."

그의 대답에서 강직하고 올 곧은 성품을 알 수 있다. 그는 큰 벼슬을 지내지도 않았고, 뛰어난 공적을 세운적도 없지만 전원시를 개척한 위대한 시인으로 평가 받고 있다. 그는 무욕의 품성으로 언제나 검소하고 소박하게 생활했다. 매사에 억지로 꾀하지 않았으며 순리적으로 생각하고 행동하였다. 노자의 무위無爲와 맥락이 비슷한데 그만큼 그는 순수하고 자연 친화적인 사람이었다.

도연명은 가정사에 있어서도 매우 모범적인 삶을 추구하였다. 당시 관리들이나 유명 인사들은 처첩 생활을 했지만 그는 성적인 것에 에너지를 낭비하지 않았다.

그의 삶은 학처럼 고고하고 유유자적했지만 그렇다고 그가 당시 현실로부터 도피한 것은 아니었다. 그는 자신의 신념을 따랐고, 진리를 추구하며 삶의 진정성을 획득하였다. 도연명은 본질을 잃지 않는 삶을 지향했다. 자신에게 주어진 것을 있는 그대로 받아들였다. 인위적으로 해결하기 위해 억지를 부리거나 순리를 거스르는 일은 결코 하지 않았다. 인위적인 것은 자연의 섭리를 그르치는 일이라고 여겼기 때문이다.

현재 남아 있는 도연명의 시문은 4언 시 9수, 5언 시 115수, 산문 11편이다. 작품에는 그의 고결한 성품이 그대로 담겨 있어 북송의 시인 소식은 도연명을 중국 역사상 최고의 시인이라고 극찬하였다.

061
과거는 지울 수 없지만
인생은 새롭게 시작할 수 있다

누구도 과거는 지울 수 없다.
그러나 인생은 새롭게 시작할 수 있다.
_오히라 미쓰요

(1965~현재) 오히라 미쓰요
변호사, 저서 《그러니까 당신도 살아》 외

《그러니까 당신도 살아》의 저자이자 변호사인 오히라 미쓰요. 절망의 끝자락에서 희망을 일군 그녀의 당찬 삶은 많은 사람들에게 귀감이 되었다. 그녀는 최악의 상황에서도 선택에 따라 얼마든지 새로운 인생으로 거듭날 수 있음을 보여 주었다.

"누구도 과거는 지울 수 없다. 그러나 인생은 새롭게 시작할 수 있다."

미쓰요의 말은 철저히 자신의 경험에서 우러나온 것이다. 그녀가 절망의 나락으로 떨어지게 된 것은 중학교 1학년 때 친구들에게 왕따를 당하고 나서였다. 그녀는 견딜 수 없는 괴로움에 중학교 2학년 때 할복자살을 기도하였다. 죽음만이 자신을 고통에서 구해 줄 수 있다는 생각에서였다. 다행히 목숨은 건졌지만 그녀는 학교로 돌아가지 않았다. 그녀는 폭주족과 어울려 거리를 누비며 비행을 일삼았다. 그러다 열여섯의 어린 나이에 야쿠자 두목과 결혼했으나 오래가지는 못했다. 그녀는 결혼 6년 만에 이혼을 하고 술집 호스티스가 되었다. 하루하루가 마지못해 사는 것 같았고 삶은 무의미 했다.

그러던 어느 날 그녀는 자신이 일하던 술집에서 아버지의 친구를 만났다. 그 후 그녀는 종종 아버지 친구와 만나 이야기를 나눴다. 아버지 친구는 새로운 삶을 살라며 충고했지만 그녀는 충고도 자신을 중학교 시절로 돌아가게 해주고 난 뒤에 하라며 반항했다. 아버지 친구는 화를 내며 말했다.

"네가 길을 잘못 든 것이 네 탓만이 아니라는 것은 나도 인정한다. 부모도 선생도 그 누구도 제대로 대처해 주지 못했겠지. 그렇다고 언제까지 너를 내팽개치며 살래. 다시 일어서려고 하지 않는 것은 분명히 네 탓이다. 대체 언제까지 이렇게 살래?"

미쓰요는 그가 자신을 진정으로 염려하고 있음을 느끼고 감동하였다. 그녀는 눈물을 흘리며 지난날을 반성하였다. 아버지 친구의 격려에 용기를 얻은 그녀는 새로운 미래를 위해 최선을 다하겠다고 스스로에게 약속하였다.

막상 새롭게 시작하려니 어려운 것이 한두 가지가 아니었다. 특히 혼자서 공부하는 것은 무리임을 깨닫고 학원을 등록했다. 그녀는 밥 먹는 시간도 아껴가며 공부에 열을 올렸다. 그 결과 그 해 10월 공인중개사 시험에 합격하였다. 하늘을 날 것 같은 기쁨이 그녀 안을 가득 채웠다.

그 후 미쓰요는 사법서사 시험에 도전장을 내밀었다. 그녀는 밤잠을 줄여 가며 노력한 끝에 당당히 합격하였다. 자신감을 회복한 그녀는 사법시험에 도전하였다. 매일 7시간 이상을 필기하며 외우고 또 외우기를 반복했다. 손가락이 붓고 팔에는 통증이 일었다. 팔에 파스를 붙였지만 통증은 여전히 그녀를 괴롭혔다. 그녀는 이를 악물고 죽을 듯이 공부한 끝에 사법시험에 합격해 29살에 그녀는 변호사가 되었다. 지금 그녀는 지난 날 자신의 모습과 닮은 비행 청소년을 돕는 일에 앞장서고 있다. 그녀는 인간 승리의 아름다움을 보여 주었고 많은 사람들에게 자신감과 희망을 심어 주었다. 그녀는 자신의 인생을 승리로 이끈 비결에 대해 이렇게 말했다.

"희망을 잃지 않으면, 어떤 역경도 이겨 낼 수 있다."

그녀의 말이 가슴에 절실히 와 닿는 것은 그 희망의 증거가 그녀이기 때문이다.

062

자기를 아는 것이
참다운 진보이다

자기를 아는 것이 참다운 진보이다.
_한스 안데르센

한스 안데르센 Hans Christian Andersen(1805~1875)
동화 작가, 단네브로 훈장 수훈
주요 작품 《미운 오리 새끼》, 《벌거벗은 임금님》, 《인어 공주》 외

《미운 오리 새끼》, 《벌거벗은 임금님》, 《인어 공주》 등 수많은 명작 동화를 남긴 세계 최고의 동화 작가 한스 안데르센. 그가 현대 동화의 발전에 끼친 영향은 실로 엄청나다. 그의 동화를 읽지 않고 자란 사람이 없다고 해도 과언이 아닐 정도로 그의 작품은 전 세계적으로 읽히고 있다.

안데른센은 어렸을 때부터 글쓰기를 좋아해서 사람들에게 자

신이 쓴 글을 보여 주었다. 어느 날 이웃에 사는 여자가 안데르센에게 글재주가 없는 것 같다고 하자 그는 실망감을 감추지 못하고 슬프게 울었다. 지켜보던 그의 어머니는 글재주가 있으니 실망하지 말고 열심히 쓰면 틀림없이 훌륭한 작가가 될 것이라며 그를 격려했다. 그는 어머니 말에 용기를 얻어 더욱 열심히 쓰며 실력을 키웠다.

안데르센은 연극에도 관심이 많아 여러 극단의 문을 두드렸지만 번번이 퇴짜를 맞았다. 그는 연극배우의 꿈을 접고 희곡을 써서 극단에 보냈으나 정규교육을 받지 못해 맞춤법과 문법이 엉망이었던 터라 반려되었다. 실망한 그는 자살을 생각했지만, 정치가이자 예술 애호가인 요나스 콜린의 후원으로 라틴어학교에 입학해 공부하게 되었다.

그 후 안데르센은 시 쓰는 것을 싫어하는 교장과의 갈등으로 학교를 그만두고 코펜하겐대학에 입학하였다. 재학 중에 몇 편의 희곡과 소설을 써서 작가적 재능을 보인 그는 장편소설 《즉흥시인》으로 문학계의 호평을 받았다. 1835년에는 《아이들을 위한 동화》라는 제목으로 첫 번째 동화집을 펴냈다. 그의 동화는 아이들은 물론 어른들에게도 반응이 좋았다. 그의 지인 중에 어떤 이는 《즉흥시인》이 좋았던 것처럼 이 동화는 안데르센을 뛰어난 동화 작가로 만들 것이라며 극찬했다.

이후 안데르센은 《벌거벗은 임금님》, 《인어 공주》, 《엄지 공주》, 《성냥팔이 소녀》같은 대표작을 비롯해 200여 편의 동화를 발표하였다. 그는 《그림 동화집》을 출간하기도 했다. 안데르센은 1843

년, 그의 대표작으로 꼽히는 《미운 오리 새끼》를 발간하며 큰 성공을 거두었고 동화 작가로 명성을 떨쳤다.

그는 업적을 인정받아 덴마크 최고의 영예인 단네브로 훈장을 받았으며, 왕족 및 귀족들과 교류하는 명사가 되었다. 그의 명성은 독일, 영국은 물론 전 유럽에 알려졌다. 영국의 소설가 찰스 디킨스는 안데르센 작품의 열성 독자였다.

안데르센의 독창적인 소재, 환상적인 이야기는 동화 중에서도 단연 독보적이었고, 그의 기발한 상상력을 능가할 작가는 없었다. 안데르센의 삶에는 굴곡이 많았다. 그는 가난의 고통과 외로움을 뼈에 사무치게 맛보았다. 그의 강한 자의식은 자신과의 싸움에서 지지 않기 위한 노력의 산물이다. 그는 자신의 경험을 통해 얻은 깨달음을 다음과 같이 말했다.

"자기를 아는 것이 참다운 진보이다."

자신을 제대로 알아야 원하는 것을 성취할 수 있다. 자신을 알고 자기만의 철학과 사상을 가져야 고통과 시련을 극복하고 이겨낼 수 있기 때문이다. 안데르센이 최고의 동화 작가가 된 것은 자기와의 싸움에서 승리했기 때문이다.

063
10일 만에 흉상을 만들 수 있었던 것은 30년 동안 조각에 바쳐 온 **노력** 덕분이다

내가 흉상을 10일 만에 만들 수 있었던 것은
30년 동안 조각에 바쳐 온 노력이 있었기 때문이다.
_미켈란젤로

(1475~1564)Michelangelo Buonarroti 미켈란젤로 부오나로티
화가, 조각가, 건축가
주요 작품 〈피에타〉, 〈다비드〉, 〈최후의 심판〉 외

르네상스 시대의 대표적인 화가이자 조각가, 건축가인 미켈란젤로. 그는 다방면에서 뛰어난 인재였다. 한 사람이 한 분야에서 재능을 발휘하는 것도 쉽지 않은데 여러 분야에서 최고로 인정받는다는 것은 천부적인 재능으로 밖에는 설명되지 않는다. 그의 천부적인 재능을 뛰어넘는 놀라운 노력에 대한 이야기가 있다.

어느 날 그에게 멋진 차림을 한 귀족이 찾아왔다.

"내 흉상을 만들었으면 하는데 만들어 주시겠소?"

미켈란젤로는 그의 부탁을 받고 흉상을 만들기 시작했다. 그는 하루 종일 흉상을 조각하며 시간과 열정을 쏟았다. 먹는 것, 마시는 것도 간단히 해결하고 쉬는 시간도 잠깐이었다. 그는 오로지 조각하는 데만 집중했다. 그의 머릿속은 온통 훌륭한 작품을 만들어야 한다는 생각으로 꽉 차 있었다. 자다가도 좋은 아이디어가 떠오르면 벌떡 일어나 작업했다. 그가 일에 쏟는 열정은 곁에서 보는 사람들이 감탄할 정도였다.

하루가 가고, 이틀이 지나고, 일주일이 지나자 흉상의 모습이 거의 갖춰졌다. 미켈란젤로는 세심한 부분까지도 세밀하게 조각하였다. 표정이나 눈썹 하나에도 심혈을 기울였다. 기도하는 마음으로 작업한 끝에 마침내 귀족의 흉상을 완성하였다. 그는 귀족에게 흉상이 완성됐다고 알렸다. 귀족이 와서 보더니 감탄한 목소리로 말했다.

"오, 이렇게 멋질 수가. 멋지게 만들어 주어 감사하오."

미켈란젤로는 그의 말을 듣고 빙그레 웃더니 작품 비용으로 금화 50개를 청구하였다. 귀족은 비용을 듣더니 흡족해 하던 때와는 달리 불만스러운 표정으로 말했다.

"아무리 작품이 훌륭하다지만 10일 동안 만든 것치고는 너무 비싸군요."

귀족은 작품비가 비싸다며 투덜거렸다. 미켈란젤로는 그의 말을 듣고 웃으며 말했다.

"내가 흉상을 10일 만에 만들 수 있었던 것은 30년 동안 조각에 바쳐 온 노력이 있었기 때문입니다."

미켈란젤로의 말에 귀족은 아무런 말도 하지 못하고 금화 50개를 건네주었다. 귀족은 단순히 10일 동안 일한 것만 생각했지, 그가 어떻게 단기간에 훌륭한 작품을 만들었는지에 대해서는 생각하지 못했던 것이다.

이 일화에서 보듯 미켈란젤로는 예술 정신이 투철할 뿐만 아니라 열정이 뜨거운 예술가였다. 그는 오직 예술 정신에 입각하여 활발히 작품 활동을 전개했다. 예술가로서 명성은 높았지만 그의 삶은 어려웠다. 그는 열심히 가난과 싸운 끝에 〈피에타〉, 〈다비드〉, 불후의 명작이라 불리는 〈최후의 심판〉을 그렸으며, 성 베드로 성당을 건축하였다.

미켈란젤로가 불후의 명작들을 남길 수 있었던 것은 작품에 대한 열정 덕분이었다. 그는 신약과 구약성서와 많은 고전을 탐독하며 상식을 쌓았는데 풍부한 상식은 상상력의 기초가 되었고 공감대를 형성하는 작품을 남기는 데 일조했다. 지금도 그의 예술혼은 살아서 빛을 반짝이며 많은 이들에게 감동을 주고 있다.

064

오, 그분이 강림하신 것 같았다!

오, 그분이 강림하신 것 같았다!
_프리드리히 헨델

게오르크 프리드리히 헨델 Georg Friedrich Handel(1685~1759)
작곡가
주요 작품 〈메시아〉, 〈수상 음악〉, 〈왕궁의 불꽃놀이〉 외

    음악의 어머니라고 불리는 바로크 시대의 위대한 음악가 프리드리히 헨델. 그는 독일에서 태어나 이탈리아에서 음악 활동을 펼치면서 명성을 얻었다. 그 후 그는 영국으로 가서 영국을 주 무대로 활동하였다. 그가 영국에 발을 붙인 것은 오페라 〈리날도〉가 런던에서 큰 호응을 얻었기 때문이다. 그는 〈앤 여왕의 생일을 위한 송가〉를 작곡하여 앤 여왕의 총애를 한 몸에 받았다. 영

국의 귀족들은 물론 지식인들에게도 진정한 음악가로 존경 받았다. 그는 1726년 영국 국민이 되었다. 그는 왕실 예배당의 작곡가가 되었고, 왕립 음악 아카데미의 음악 감독으로 상연되는 오페라를 대부분 작곡하였다. 그는 음악가가 누릴 수 있는 명성을 누리며 부유하게 살았던 음악사에서 가장 축복 받은 음악가였다.

그런 그에게도 불행은 찾아왔다. 그는 1737년 뇌일혈로 발작을 일으키며 병을 얻게 되었다. 오페라의 쇠퇴로 그가 운영하던 극장이 파산했고 그는 빈 털털이가 되었다. 그의 어려웠던 시기에 작곡된 〈메시아〉에 대한 운명과도 같은 일화가 있다.

헨델의 나이 56세이던 어느 겨울날이었다. 그는 어깨를 잔뜩 움츠린 채 런던 거리를 걷고 있었다. 화려했던 지난 날의 시절은 어디로 가고 남은 것은 초췌한 몰골뿐이었다. 거리를 떠돌다 집으로 돌아온 헨델은 책상 위에 놓인 낯선 봉투를 발견하였다.

'이것이 대체 무슨 봉투지?'

그는 의아해 하며 봉투를 집어 안의 내용물을 꺼냈다. 종이에는 '신에게 바치는 오라토리오'라는 글씨가 씌어 있었다. 찰스 제네스라는 시인이 보낸 것이었다. 오라토리오를 즉시 작업할 수 있는지 여부를 묻는 내용이었다. 헨델이 대충 훑어보고 봉투를 내려놓으려는 순간이었다. 그는 한 대목에서 눈길이 멈추었다. 그의 눈길을 사로잡은 대목은 다음과 같다.

'그는 사람들에게 거절 당했으며 또한 비난까지 당했다. 그는 자신에게 용기를 줄 누군가를 찾고 있었다. 그러나 그 어디에도 없었다. 그 누구도 그를 편하게 대해 주지 않았다. 그는 하나님을

믿기로 했다. 하나님은 그의 영혼을 지옥에서 건져 주었다. 하나님은 당신에게 안식을 줄 것이다.'

헨델은 이 글을 읽고 나서 가슴이 뭉클해졌다. 마치 어려움에 처해 있는 자신을 향한 말처럼 느껴졌다. 그 순간 자신도 모르게 눈물이 흘러내렸고 가슴이 뜨거워지며 불덩이가 이글거리는 것 같았다. 그의 입에서는 탄성이 나왔고 머릿속에서는 알 수 없는 멜로디가 떠올랐다. 그는 즉시 펜을 들고 악보를 그려 나갔다. 그는 식사도 거른 채 작곡에만 열중하였다. 작곡을 하는 동안 그는 마치 혼이 나간 사람 같았다. 앉았다 일어서기를 반복하고, 이리저리 움직이며 머리를 쥐어뜯기도 했다. 마침내 그는 작곡을 시작한지 23일 만에 곡을 완성했다.

곡을 완성한 헨델의 얼굴에는 기쁨이 가득했다. 환희에 잠긴 모습이었다.

〈메시아〉는 많은 사람들의 기대 가운데 상연되었다. 상연 후 극장에 있던 사람들은 감동에 젖은 얼굴로 들떠 있었다. 당시 국왕이었던 조지 2세가 합창을 듣고 감동한 나머지 벌떡 일어났던 일화는 지금까지 전해져 내려온다. 헨델은 자신에게 주어진 재능을 아낌없이 쓴 천재 작곡가였다.

065
작은 것도
빼놓지 않고 기록하면
절약하는 습관을 기를 수 있다

비록 작은 것이지만 이렇게 빼놓지 않고 기록하면
마음의 수양도 되고 또 절약하는 습관도 기를 수 있다.
_존 D. 록펠러

(1839~1937)John Davison Rockefeller **존 D. 록펠러**
기업가

    석유 재벌이자 미국 1세대 자선 사업가, 기부 문화의 선구자로 널리 알려진 록펠러.

    "비록 작은 것이지만 이렇게 빼놓지 않고 기록하면 마음의 수양도 되고 또 절약하는 습관도 기를 수 있다."

    평소 록펠러의 절약 습관을 짐작하게 하는 말로 다음의 일화가 있다.

록펠러가 소년 시절 클리블랜드의 한 회사에서 직원으로 일하고 있을 때였다. 한 직원이 길에서 다이어리를 주웠는데 거기에는 금전 출납의 내역이 상세하게 적혀 있었다. 빵 한 개, 연필, 펜촉 등 자질구레한 것 까지 전부 기록되어 있었다. 그는 피식 웃으며 다이어리 주인이 매우 좁쌀 같은 성격의 사람일 것이라고 생각했다. 이야기는 순식간에 회사 내에 퍼졌고 이 소문을 듣고 록펠러는 잃어버린 자신의 다이어리를 찾기 위해 사무실로 갔다.

"이 다이어리가 당신 것입니까?"

"네. 제 다이어리가 맞습니다."

"그런데 이런 사소한 것 까지 다이어리에 기록하는 이유가 무엇이오?"

상대는 의아해 하며 말했다.

"비록 작은 것이지만 이렇게 빼놓지 않고 기록하면 마음의 수양도 되고 또 절약하는 습관을 기를 수 있어 좋아요."

록펠러는 미소까지 지어 보이며 태연하게 말했다. 그의 말에 사람들은 어처구니가 없다는 듯이 고개를 저었다. 그로부터 1년이 지나 캐나다 목재상이 목재를 팔러왔을 때였다. 목재상은 나무를 급히 팔아야했는데 록펠러는 자신이 1년 동안 모은 36달러로 목재를 구입해서 되팔았다. 이후 그는 무려 100달러나 이득을 보았다. 록펠러의 이야기를 들은 사람들은 그를 비웃은 지난 날 자신들의 모습을 후회했다.

록펠러는 모은 돈으로 건초, 곡물을 파는 가게를 차렸고 정유소를 차렸고 그것을 바탕으로 스탠더드 석유 회사를 창립하게 되었다.

　미국 기부 문화의 뿌리가 된 록펠러. 그는 석유 왕으로 불리며 세계 최고의 부자로 명성이 자자했다. 사람들이 그를 존경한 것은 그가 자선 사업가로 헌신적인 삶을 살았기 때문이다. 그는 생전에 5억 달러가 넘는 후원금을 기부하였다. 당시 5억 달러를 지금의 화폐 가치로 환산하면 어마어마한 금액이다. 그는 시카고대학을 설립하고 지원하는 데만 8,000천만 달러를 후원하였다. 그는 자신의 이름을 건 록펠러 재단을 설립했고, 지금도 재단은 그의 유지를 받들고 있다. 그의 후원 총액은 지금까지도 개인이 기부한 것으로는 최고의 금액이라고 한다.

　처음부터 그가 기부에 적극적이었던 것은 아니다. 그는 석유 회사를 차리고 공격적인 마케팅으로 중·소상공인들의 시장을 잠식하며 원성을 샀다. 그는 테러의 위협을 걱정하며 늘 경호원들을 데리고 다녀야 했다. 자신의 이익을 위해서라면 어떤 타협과 양보도 하지 않던 그에게 변화가 찾아온 것은 건강을 잃고 나서였다. 그는 건강을 잃고 그동안 자신이 걸어온 길을 되돌아보았고 이내 결심하였다. 사회를 위해 자신이 번 돈을 환원하기로. 그는 자신의 결심을 실행에 옮겼고, 마침내 지탄 받는 기업인에서 존경받는 자선 사업가가 되었다.

066
항상 철저하게 언론의 **독립**을 지켜야 한다

"항상 진보를 위해 싸워야 한다. 부당함에 맞서고 부패를 결코 묵인해서는 안 된다. 항상 모든 당파의 선동가들과 싸워야 한다. 결코 어떤 당파에도 소속 되어서는 안 된다. 힘 있는 특권 계층과 공공재산의 은닉에 항거하라. 가난한 사람들에 대해 애정과 관심을 기울이고, 항상 대중의 복지에 헌신해야 한다. 뉴스를 알리는 것으로 만족해서는 안 된다. 항상 철저하게 언론의 독립을 지켜야 한다. 약탈적인 금권에 의한 것이든 약탈적인 빈곤에 의한 것이든 잘못된 일에 대해 사실대로 보도하는 것을 두려워해서는 안 된다."
_조지프 퓰리처

조지프 퓰리처 Joseph Pulitzer(1847~1911)
헝가리 출신 미국 이민자, 미국의 신문 발행인, 편집인, 퓰리처상 제정자

현대 신문의 정형을 이룬 퓰리처. 그는 신문에 관심이 많아 1874년 세인트루이스의 또 다른 독일어 신문인 〈슈타츠 차이퉁〉을 인수했다. 그는 연합통신 회원 자격을 세인트루이스의 〈글로브〉에 유리한 조건으로 넘기고, 4년 후 〈세인트루이스의 디스패치〉, 〈세인트루이스의 포스트〉를 인수해 〈포스트 디스패치〉로 통합했는데, 이것은 세인트루이스 최고의 석간신문이 되었다.

퓰리처는 뉴욕 신문에 관심이 많아 투자 끝에 1883년 뉴욕 조간인 〈뉴욕 월드〉를 인수 했다. 그는 놀라운 경영 능력을 보이며 미국에서 제일가는 민주당 대변지로 만들었다. 신문에 대한 그의 도전은 계속되었다. 그는 1887년 〈뉴욕 월드〉의 자매지인 〈이브닝 월드〉를 창간했다.

퓰리처는 자신이 마음먹은 것은 반드시 실천으로 옮겼고, 어떤 상황에서도 목표를 이루어 내는 강한 집념을 보였다. 사람들은 그를 의지의 사나이, 집념의 언론인이라고 불렀다. 사람들은 신문을 향한 그의 노력을 높이 평가했다.

퓰리처의 신문에 대한 애정은 대단했다. 그는 정치 비리의 과감한 폭로와 심층 보도를 시도했으며 절묘한 홍보 능력을 발휘해 구독자를 늘렸다. 그는 신문에 만화와 스포츠 기사를 싣고, 여성들이 좋아하는 패션 기사와 화보를 싣는 등 혁신적인 기획으로 변화를 주었다. 그는 신문을 단순히 기사만 제공하는 매체가 아닌 다양한 정보를 제공하고 오락을 겸한 매체로 탈바꿈 시켰다.

퓰리처는 신문의 역할에 대해 확고한 신념을 가졌다. 그의 신념을 잘 알게 하는 말이다.

"항상 진보를 위해 싸워야 한다. 부당함에 맞서고 부패를 결코 묵인해서는 안 된다. 항상 모든 당파의 선동가들과 싸워야 한다. 결코 어떤 당파에도 소속 되어서는 안 된다. 힘 있는 특권 계층과 공공재산의 은닉에 항거하라. 가난한 사람들에 대해 애정과 관심을 기울이고, 항상 대중의 복지에 헌신해야 한다. 뉴스를 알리는 것으로 만족해서는 안 된다. 항상 철저하게 언론의 독립을 지켜야 한다. 약탈적인 금권에 의한 것이든 약탈적인 빈곤에 의한 것이든 잘못된 일에 대해 사실대로 보도하는 것을 두려워해서는 안 된다."

퓰리처는 신문의 사실 보도를 위해서는 언론의 독립성이 보장되어야 한다고 생각하고 자신의 신념을 실천했다. 권력가, 기업가, 정치가, 종교인 등 잘못이 있으면 누구도 퓰리처의 비판의 칼날을 피해가지 못했다. 루스벨트 대통령은 퓰리처의 언론 정신을 극찬했지만 퓰리처는 자신을 극찬한 대통령에게도 비판을 서슴지 않았다. 미국 정부는 파나마 운하의 부설권을 프랑스로부터 양도받아 일을 진행하고 있었는데 그 과정에서 공직자의 뇌물수수 사건과 부정행위가 드러났다.

어렵게 일을 진행하는 관계로 루스벨트 대통령은 조용히 덮어두려 했다. 사실을 알게 된 퓰리처는 〈뉴욕월드〉에 연일 이 문제를 심도 있게 다루며 국민들에게 알렸다. 루스벨트는 분노하며 퓰리처를 고소했다. 사건은 대법원까지 갔다. 대법원은 퓰리처의 승소로 판결하였고 이 일로 퓰리처와 루스벨트 대통령은 사이가 틀어지게 되었다. 언론인으로서 퓰리처의 사명과 책임감이 드러난 일화였다.

퓰리처는 대통령이라는 막강한 권력과 막역한 친분에도 망설임 없이 국민의 알권리를 위해 펜을 든 타고난 언론인이었다.

067
나에게는 꿈이 있습니다

나에게는 꿈이 있습니다. 그 꿈은 인간이 모두 형제가 되는 꿈입니다.
나는 이런 신념을 가지고 나서서 절망의 산에다 희망의 터널을 뚫을 것입니다.
나는 이런 신념을 가지고 여러분들과 함께 나서서 어둠의 어제를 밝음의 내일로 바꿀 것입니다.
우리는 이런 신념을 가지고 새날을 만들어 낼 수 있습니다.
_마틴 루터 킹

(1929~1968)Martin Luther King 마틴 루터 킹
미국 침례교회 흑인 목사, 신학박사, 철학박사
저서 《왜 우리는 기다릴 수 없는가》 외

미국의 위대한 인권 운동가 마틴 루터 킹. 그는 어린 시절부터 백인들의 인권 탄압의 고통으로부터 흑인들을 해방시켜야 한다는 꿈을 꾸었다. 그는 꿈을 이루기 위해서는 배워야 한다고 생각했고 보스턴 대학에서 신학박사 학위를 받았다. 이어서 하버드대학에서 철학박사 학위도 받았다. 공부에 대한 그의 집념은 집착에 가까울 만큼 열성적이었고 마침내 침례교 목사가 되었다. 그가 공부에 열정을 다한 것은 자신을 위한 것이기도 했지만, 흑인들의 인권을 되찾고야 말겠다는 강한 신념 때문이었다.

마틴 루터 킹은 비폭력 저항과 인종차별 철폐 및 식민지 해방 등을 주장한 간디의 사상에 깊은 영향을 받았다. 목사가 되어 활동하던 그는 '몽고메리 시에서 운영하는 버스에 흑인은 탈 수 없다는' 규칙에 반대하는 운동을 벌이며 본격적인 흑인 인권 운동에 뛰어들었다. 각고의 노력 끝에 그는 투쟁 후 1년 만인 1956년에 승리를 거두었다.

그 후 그는 그리스도교 지도 회의를 결성하고, 인종차별을 반대하는 투쟁을 지도하였다. 수차례나 투옥되었지만 그는 굴하지 않고 계속해서 인권 운동을 펼쳐 나갔다. 이 일은 결국 존 F. 케네디 대통령의 민권 법안 통과의 계기가 되었다. 그는 흑인들에게 가슴 벅찬 희망을 안겨 주었다.

그는 명연설가로도 유명한데 자유를 향한 연설에서 다음과 같이 말했다.

"나에게는 꿈이 있습니다. 그 꿈은 인간이 모두 형제가 되는 꿈입니다. 나는 이런 신념을 가지고 나서서 절망의 산에 희망의 터널을 뚫을 것입니다. 나는 이런 신념을 가지고 여러분들과 함께 나서서 어둠의 어제를 밝음의 내일로 바꿀 것입니다. 우리는 이런 신념을 가지고 새날을 만들어 낼 수 있습니다."

그의 자유를 향한 연설 중 일부분이다. 흑인들의 자유와 평화를 찾기 위한 열망이 느껴지는 대목이다. 연설에서 알 수 있듯이 그는 자신의 개인적인 삶에는 관심이 없었다. 그의 마음은 흑인들의 인권을 되찾기 위한 열망으로 가득 차 있었다.

목숨도 아까워하지 않은 그의 헌신적인 흑인 해방운동은 전 세계인에게 깊은 감동을 주었다. 그는 1964년 노벨평화상을 수상하며 인권 운동의 상징으로 떠올랐다. 헌신적인 삶과 달리 그는 암살로 생을 마감하여 많은 이들의 안타까움을 샀다. 그가 죽음도 불사하며 인권 운동에 앞장 설 수 있었던 것은 무엇 때문일까.

그의 인권 운동은 두터운 신앙심과 신념에 기초했다. 강철 같은 신념과 믿음은 강도 높은 압박과 탄압을 버텨내는 힘이 되었다. 그의 죽음은 또 다른 흑인 인권 운동의 기폭제가 되었고 사람들은 그의 죽음마저도 거룩하게 여겼다.

그는 인권에 관한 책을 여러 권 출간했는데 몽고메리 버스 보이콧 투쟁에 관하여 쓴 《자유를 향한 대행진》, 《왜 우리는 기다릴 수 없는가》 등이 있다. 그의 저서에는 흑인들의 꿈과 희망이 담겨 있다.

한 사람의 위대한 영혼은 수많은 사람들을 희망으로 이끄는 강한 에너지를 발한다. 누군가의 가슴속에 영원한 전설로 남아있다는 것처럼 행복한 일은 없다. 누군가의 가슴속에 영원히 남아 있는 삶이란 얼마나 향기로운 목숨인가. 마틴 루터 킹은 한 사람의 힘이 얼마나 위대한지 분명하게 보여 주었다.

068

나는 나 자신을 위한 작업을 한다

나는 나 자신을 위한 작업을 한다.
패션계의 주문을 받아도 지금 스타일과는 다른, 좀 더 틀에 박히지 않고
풍부하게 표현하려는 나만의 작업을 한다.
_사라 문

사라 문 Sarah Moon(1941~현재)
패션모델 출신 사진작가, 나다르 상 수상(2008)

세계적인 사진작가 사라 문. 그녀는 패션모델 출신으로 1970년에 사진작가로 입문하였다. 그녀는 1972년에 피렐리의 달력을 촬영한 최초의 여성 사진작가로 명성을 얻었다. 피렐리의 달력은 유명 작가만 찍을 수 있었고 당시 만해도 남성 작가의 고유한 영역으로 여겨져 그녀로서는 영예와 명성을 얻는 디딤돌이 되었다.

2008년에는 〈12345〉라는 작품집으로 나 다르상을 수상하였다.

이 상은 사진작가로서는 대단히 영광스러운 상이다. 그녀의 작품은 시대와는 다른 그녀만의 색깔이 분명했고 개성과 철학이 담겨 있었다. 그녀는 사진의 본질을 흑과 백으로 규정했고 색이 다채로운 것은 배격했다.

사라 문은 패션을 전문으로 하는 패션 사진작가인데, 그녀가 패션 사진작가가 된 것은 패션모델과는 다른 매력을 느꼈기 때문이다.

"모델 일을 하면서는 그다지 매력을 느끼지 못했다. 무대는 제한 된 공간에 스스로의 생각을 따를 수 있는 여지가 적은 세계다. 게다가 모델 일은 젊어서 한 때 할 수 있는 일이라고 생각했다. 그러던 중 빌린 카메라로 사진을 찍었는데 아주 흥미로운 경험을 했다. 그 매력에 이끌려 사진을 찍게 되었고, 나는 패션 사진에 흥미를 갖게 되었다."

그녀가 패션모델을 하다가 진로를 사진작가로 바꿀 수 있었던 것은 확고한 신념 덕분이었다. 지금과 다른 길로 가는 것은 또 다른 자기 창조다. 이전에 걸어왔던 방향을 등지고 새로운 변화를 쫓아야하기 때문이다. 사람이라면 누구나 가보지 않은 길에서 두려움을 느낀다. 그것을 알면서도 간다는 것은 대단히 용기 있는 행동이다. 그녀가 두려움을 이겨 낼 수 있었던 것은 뛰어난 모험정신 덕분이었다.

그녀는 늘 새로운 것에 관심을 가졌고 주변에서 늘 보게 되는 것을 새로운 시각으로 바라보았다. 자유로운 사고방식은 그녀를 새로운 세계로 인도하였다. 게다가 그녀는 뜨거운 열정을 품고 있었는데 마르지 않는 열정은 그녀의 모험 정신을 자극하였고, 남성 작가에게 뒤처지지 않도록 격려하고 독려하는 원동력이 되었다.

사라 문의 작품 세계는 환상적이고 동화적이다. 사실적인 것을 찍되 거기에 환상을 더하는 것이 특징이다. 일흔이 넘은 나이에도 환상적인 작품 세계를 선보일 수 있는 것에 대해 그녀는 다음과 같이 말했다.

"난 어린아이의 영혼을 아직 간직하고 있다. 예전 열정을 그대로 유지하고 있다는 것에 대해 나 자신도 놀라고 있다. 현실도 중요하지만 허구의 세계를 찍기 위해 노력하고 있다."

사라 문은 자기만의 스타일을 매우 중요하게 여긴다. 자기만의 스타일은 자신의 가치를 드높이는 데 매우 중요한 역할을 하기 때문이다.

"나는 나 자신을 위한 작업을 한다. 패션계의 주문을 받아도 지금 스타일과는 다른, 좀 더 틀에 박히지 않고 풍부하게 표현하려는 나만의 작업을 한다."

그녀의 말에서 자기 스타일에 대한 확고한 신념이 느껴진다. 사라 문이 자기만의 작품 세계를 갖게 된 것은 남들과 다른 색깔을 보여 주어야 한다는 신념과 철학 때문이었다. 그녀는 쉬운 길을 포기하고 언제나 자신만의 색을 보여주기 위해 심혈을 기울였다. 그 결과 사라 문은 자신의 신념과 철학을 담은 사진을 찍음으로써 패션 사진계의 독보적인 자리에 오를 수 있었다.

069

우리는 우리가 **상상**한 것에 모든 것을 걸었다

우리는 우리가 상상한 것에 모든 것을 걸었다.
다른 곳과 똑 같은 것을 만들 바에는 우리들이 상상한 것에 모든 것을 걸고 싶다.
누구나 만들 수 있는 제품은 다른 회사가 만들면 된다.
우리에게는 다음엔 어떤 상상을 하고 나아가느냐가 중요하다.
_스티브 잡스

(1955~2011)Steven Paul Jobs 스티브 잡스
1976년 스티브 워즈니악, 로널드 웨인과 애플 공동 창업
2009년 《포춘》 '최고의 CEO' 선정, 2010년 《파이낸셜타임스》 '올해의 인물' 선정
제54회 그래미상 특별공로상 수상(2012)

세상을 자신이 상상하는 대로 바꾼 혁신의 귀재 스티브 잡스. 그는 지금까지 존재했던 세계적인 기업가들 중에서도 단연 돋보이는 존재였다. 그것은 그가 사망했을 때 확실하게 증명되었다. 그의 사망 소식이 전해지자 전 세계는 그를 추모하는 사람들로 물결을 이루었다. 기업가로서는 전무후무한 일이었다. 그만큼 그가 세상을 위해 한 일이 가치 있었음을 보여 준다.

스티브 잡스는 자기 신념과 주관이 확고한 사람이었다. 그는 기존의 어떤 것과도 다른 오직 하나뿐인 것을 위해 전념했다. 지나친 독창성때문에 독선적인 사람으로 오해 받고 자신이 창립한 회사에서 쫓겨나는 수모도 겪었지만 절치부심의 노력 끝에 당당하게 복귀했다. 그 후 그의 인생은 180도 달라졌다.

그는 내놓은 제품마다 호평을 받았고, 애플의 핵심으로 떠올랐다. 방송과 신문은 연일 앞 다투어 그를 특집으로 다루었고 그의 행동 하나하나가 세계인들의 이목을 집중시켰다. 그는 자신만의 생각을 자신만의 제품으로 승화시키는 데 성공했다. 성공에 대한 그의 가치관이 드러나는 말이다.

"우리는 우리가 상상한 것에 모든 것을 걸었다. 다른 곳과 똑같은 것을 만들 바에는 우리들이 상상한 것에 모든 것을 걸고 싶다. 누구나 만들 수 있는 제품은 다른 회사가 만들면 된다. 우리에게는 다음엔 어떤 상상을 하고 나아가느냐가 중요하다."

스티브 잡스의 말에서 알 수 있듯이 그는 자기만의 것에 대한 집념이 확고했다.

그가 애플에 복귀할 당시 사람들은 하드웨어부터 소프트웨어까지, 제품과 관련된 모든 것을 개발하는 방식을 포기해야 애플을 살릴 수 있다고 말했다. 그의 절친한 파트너인 스티브 워즈니악은 말했다.

"애플은 앞으로 하드웨어 부분을 버리고 소프트웨어 전문 기업으로 살아남아야 한다"

반면 스티브 잡스는 그것은 애플의 뜻이 아니라며 단호하게 말했다.

"2년 전 하드웨어 부분과 소프트웨어 부분을 함께 가지고 있는 것이 애플의 가장 큰 약점이라는 지적을 받았다. 하지만 그것은 잘못된 생각이다. 애플의 가장 큰 약점은 전략이 없다는 것이다. 그러나 그 약점은 이미 해결되었다. 이제 하드웨어와 소프트웨어 모두를 가지고 있다는 것이 애플의 가장 큰 장점이 되었다. 컴퓨터 업계에서 하드웨어와 소프트웨어 부분을 모두 가지고 있는 곳은 우리 애플뿐이기 때문이다."

스티브 잡스의 말처럼 애플은 회사의 장점을 활용해 아이맥과 아이팟, 아이폰과 같은 제품을 생산해 냈다. 그는 남의 것을 모방하는 것을 배격했다. 모방은 새로운 것이 아니며 남의 아이디어를 훔치는 것과 같다고 생각했기 때문이다.

스티브 잡스에게는 혁신이라는 단어가 잘 어울린다. 그가 새로운 것을 끊임없이 추구하는 도전 정신의 소유자이기 때문이다. 그는 늘 한자리에 안주하는 것을 경계 했으며 앞으로 나아가는 자세를 추구했다. 앞으로 나아가는 자만이 새로운 것을 차지할 수 있고 지금과 다른 내가 될 수 있다고 확신했다.

스티브 잡스는 죽어서도 살아 있는 존재이다. 그가 남긴 정신과 상상적 유산은 지금도 그대로 적용되고 있고, 앞으로도 계속될 것이다.

070
누구나 즐기는 발레, 그것이 나의 발레다

발레는 일부 사람들만 즐기는 무용이 아니다.
발레는 누구나 즐겨야 한다.
그것이 내가 생각하는 발레다.
_이사도라 던컨

이사도라 던컨 Isadora Duncan(1877~1927)
현대 무용가, 1904년 그뤼네발트에 무용학교 설립

"발레는 일부 사람들만 즐기는 무용이 아니다. 발레는 누구나 즐겨야 한다. 그것이 내가 생각하는 발레다."

자유 무용의 창시자이자 현대무용의 개척자로 불리는 이사도라 던컨이 한 말로 발레에 대한 그녀의 철학이 드러난다. 그녀는 어린 시절부터 음악 교사였던 어머니에게 음악의 기초와 발레를 배웠다. 18세 때인 1897년에는 델리단원으로 영국에 건너가 발레 수업을 받았다. 그녀의 뛰어난 재능과 열정은 그곳 사람들에게 깊은 인상을 심어 주었다.

영국에서 발레 수업을 마친 그녀는 뉴욕으로 돌아와 수업을 받았다. 타고난 재능과 열정으로 그녀의 무용 실력은 날로 늘어 갔다. 그녀는 기존의 무용과는 다른 자신에게 맞춘 새로운 방식의 무용을 선보였는데 사람들은 감각적인 그녀의 움직임에 열광했고 마침내 그녀는 세계적인 무용가로 급부상하게 되었다.

이사도라 던컨은 뛰어난 무용 실력 못지않게 개성과 주관이 뚜렷했다. 무용복을 만들 때도 옷감 선택은 물론 제작 과정에 세심하게 신경 썼다. 그녀는 정통 무용복보다는 무용의 성격에 따라, 파격적인 무용복을 즐겨 입었다. 관련된 일화이다.

1899년 시카고에서 무용을 발표할 때 그녀는 반라에 가까운 차림으로 무대에 섰다. 그녀의 모습을 본 관객들은 놀라움을 감추지 못했고 강렬한 인상을 받았다. 사람들은 그녀의 파격적인 행보에 놀라면서도 그녀에게 집중하였다. 그녀의 동작 하나하나가 동선을 이룰 때마다 사람들은 숨을 죽였고, 보일 듯 말 듯한 잠자리 날개 같은 발레복이 허공을 가를 때마다 찬탄을 금하지 못 했다. 그녀는 마치 한 마리 나비 같았다. 그녀는 이전과는 차원이 다른 발레를 보여 주었다. 관객들의 반응은 뜨거웠다.

"참으로 멋지고 새로운 발레지?"

"그래. 역시 소문대로야."

"난 이제부터 이사도라 던컨의 영원한 팬이 될 거야."

그녀의 무용을 본 사람들은 하나같이 극찬하였다.

"나는 우물 안 개구리가 되어서는 안 된다. 나에게는 더 큰 무대가 필요해. 미국은 너무 좁아. 가자, 내 꿈을 펼칠 수 있는 곳이라면 어디든지……."

이사도라 던컨은 자신의 뜻을 펼치기 위해 유럽으로 건너갔다. 그녀가 택한 새로운 무용 방식은 기존 무용에 대한 거부이며 도전이었다. 그녀가 시도한 발레의 대중화 운동은 발레 역사에 한 획을 그었다.

이사도라 던컨에게 고무된 사람들은 그녀가 하는 일에 열렬한 지지와 아낌없는 사랑과 관심을 보냈다. 그녀가 전개한 발레 운동을 사람들은 신무용이라고 불렀다. 그녀가 시도하고 보급한 신무용은, 기존 발레를 한층 업그레이드 시키며 신선한 바람을 일으켰다. 그녀가 끊임없이 자신의 생각을 발전시키며 혁신을 이룬 것은 내일이 오늘과 다르지 않다면 그것은 죽은 삶이라는 생각 때문이었다.

이사도라 던컨, 그녀가 세계 발레 역사의 전설이 될 수 있었던 것은 기존의 것에서 새로운 것을 이끌어 낸 창조적이고 도전적인 신념이 있었기 때문이다.

071
자신이 원하는 것을 얻기 위해서는 세 번을 찾아가 예를 다하라

자신이 원하는 것을 얻기 위해서는
세 번을 찾아가 예를 다하라.
_유비

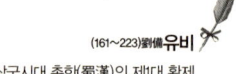
(161~223) 劉備 **유비**
삼국시대 촉한(蜀漢)의 제1대 황제

"자신이 원하는 것을 얻기 위해서는 세 번을 찾아가 예를 다하라."

자신의 뜻을 이루기 위해 꼭 필요한 사람이 있으면 몇 번이라도 찾아가 자신의 사람으로 만들라는 뜻인데, 삼고초려三顧草廬로 알려진 이 말의 유래에 대한 이야기이다.

유비는 자신의 뜻을 이루기 위해 당대 소문난 지략가인 제갈량을 곁에 두고 싶어 했다. 유비는 제갈량을 찾아가 말했다.

"공에게 부탁이 있어 왔소."

"무슨 말씀이신지요?"

제갈량은 넌지시 유비를 바라보며 말했다.

"나는 공과 함께 내가 추구하는 꿈을 이루고 싶소. 나와 함께 하기를 간청하오."

유비는 진심을 담아 자신과 함께 하기를 청하였다. 하지만 제갈량은 그의 제안에 응하지 않았다. 유비는 하는 수 없이 되돌아 왔다. 얼마 후 그는 또 다시 제갈량을 찾아 갔다.

"나는 공이 절대적으로 필요하오. 제발 나의 청을 물리지 말아 주시오."

유비는 예를 다해 간청하였다.

"지난번에도 말씀드렸지만 저는 그럴 뜻이 없습니다. 청을 들어드리지 못해 대단히 송구합니다."

이번에도 제갈량은 자신의 뜻을 굽히지 않았다. 제갈량의 뜻이 너무나 확고해 유비는 자리에서 일어나 돌아와야 했다. 돌아오는 길에서도 유비는 몇 번을 찾아가서라도 그의 마음을 돌리겠다고 굳게 결심하였다. 얼마 후 유비는 또 다시 제갈량을 찾아갔다. 제갈량은 유비가 찾아오자 전과는 다르게 그를 생각했다.

"그동안 안녕하셨소? 이렇게 또 찾아왔소이다."

유비는 이렇게 말하며 자리에 앉았다.

"저야 잘 지냅니다만, 이렇게 또 발걸음을 하시게 해서 송구합니다."

제갈량은 유비의 세 번째 방문에 적잖이 놀랐다. 보통 사람 같으면 벌써 지치고도 남을 일이었다. 더군다나 유비같은 이가 체면을 무릅쓰고 찾아와 거듭 청하는 것은 제갈량의 입장에서 볼 때 무척 송구스러운 일이었다.

"나는 공이 정말 필요하오. 이번만큼은 제발 물리지 말고 내 청을 들어주셨으면 하오."

유비의 진심 어린 간청에 제갈량은 더 이상 거절할 수 없어 반듯하게 자세를 곧추세우며 말했다.

"제가 가진 재주가 미흡하나 큰 뜻을 이루시는 데 작은 힘이라도 보태도록 하겠습니다."

"내 청을 받아 주어 고맙소. 나는 이제 그 무엇도 두렵지 않소. 우리 멋지게 큰 뜻을 도모해 봅시다."

제갈량의 말에 유비는 천군만마를 얻은 듯 기뻐하며 말했다.

그 후 유비는 제갈량의 뛰어난 지략에 힘입어 손권과 연합하여 조조를 격파하고 형주목이 되었고, 잇달아 익주와 한중을 격파하고 221년 청두에 도읍을 정하고 국호를 촉한이라 하여 나라를 세우고 황제가 되었다.

유비의 삼고초려는 군자란 자신의 뜻을 이루기 위해 초지일관 신념을 다 해야함을 보여 주며, 유비의 인품을 더욱 돋보이게 한다.

072
게으른 자는 남의 물건을 빼앗는 자보다 나쁘다

자기가 맡은 일을 게을리 하는 자는 남의 물건을 빼앗는 자보다 더 나쁘다.
왜냐하면 그런 사람이 자기의 일을 게을리 함으로써
다하지 못한 일은 결과적으로 남이 해 주기 때문이다.
이런 사람이야말로 스스로 일하여 벌어먹으려 하지 않고
남이 부양해 주기를 바라는 사람이다.
_라빈드라나드 타고르

라빈드라나드 타고르 Rabindranath Tagore(1861~1941)
인도의 시성, 극작가, 사상가, 노벨문학상 수상
주요 작품 《기탄잘리》, 《원정》

시집 《기탄잘리》로 1913년 아시아 최초로 노벨문학상을 수상한 타고르. 그는 영어에 능해 벵갈어로 쓴 작품 중 50여 편을 골라 영어로 번역했다. 문학에 대한 열정은 그를 세계적 시인의 반열에 올려놓았고 노벨문학상 수상의 영광을 가져다주었다.

타고르는 부유한 귀족의 열네 번째 아들로 태어났다. 그의 아버지는 귀족이자 종교 사상가였는데 타고르는 아버지로부터 인도 고유의 종교, 문학의 소양과 더불어 진보적인 사상을 교육 받았다. 그는 17세 때 영국으로 유학을 떠났지만, 제도권 교육이 마음에 들지 않아 1년도 채 되지 않아 귀국했다.

그는 인도의 대자연과 전통을 사랑하였고, 그것으로부터 삶의 원천을 찾아냈다. 타고난 감성과 사색은 그를 열네 살 때부터 시를 쓰게 하는 기폭제가 되었다. 인도의 원시적 자연은 그에게 시적 감성과 상상력을 키워 주는 사색의 원천이었다.

그의 시는 서정적이면서 깊이가 있었다. 철학 속에 시가 있었고, 시 속에 철학이 담겨 있었다. 그는 시인이자 사상가였고, 사상가로서 시인이었다.

타고르는 언제나 열정이 넘쳤다. 커다란 키, 반듯한 외모, 사상가다운 풍부한 식견, 펜과 책을 손에서 놓지 않는 공부에 대한 열정, 고요와 사색을 즐기는 명상가의 기질이 그에게 있었다. 그는 매사에 적극적이고 능동적이었다. 타고르의 삶에 대한 에너지는 그를 한 곳에 머무르도록 두지 않았다.

그는 일흔이 넘어서 그림을 그리기 시작했는데 그때 그가 그린 그림이 무려 2,000여 점이나 되고, 시는 1,000여 편이 되었다. 그 외에도 작곡, 소설, 희곡 등 다양한 분야에 걸쳐 많은 작품을 남겼다. 그는 세계여행을 열두 번이나 했고, 일본은 세 번이나 여행했다. 그는 세계여행을 하면서 강연도 하고, 동서 문화를 비평했으며 인도의 사상도 널리 알렸다.

그는 토마스만, 아인슈타인, 베르그송, 에즈라 파운드, 이츠 등 세계적인 학자들과 만나 친분도 쌓고 교류하며 열정적으로 활동했다.

타고르는 평화의 학원을 지어 교육에도 열정을 기울였다. 그는 고대 인도 바라몬교의 전통 방식으로 교육했다. 나무 그늘을 교실로 삼고, 자유롭게 토론하면서 자연 속에서 진리를 찾았다. 그는 인도의 전통적인 교육 방식을 확대시키기 위해 자신의 이름을 딴 타고르 국제대학을 만들었다. 타고르 국제대학은 무려 20년 동안 지어졌는데, 그 규모가 무려 300만 평이나 된다.

타고르는 시와 사상, 교육과 강연, 소설, 희곡, 그림 등 다방면에서 재능을 보였고 눈부신 성과를 이뤄 냈다. 그는 매사 열정을 다했고 게으름을 경계했다.

"자기가 맡은 일을 게을리 하는 자는 남의 물건을 빼앗는 자보다 더 나쁘다. 왜냐하면 그런 사람이 자기의 일을 게을리함으로써 다하지 못한 일은 결과적으로 남이 해주기 때문이다. 이런 사람이야말로 스스로 일하여 벌어먹으려 하지 않고 남이 부양해 주기를 바라는 사람이다."

타고르의 말에서 보듯 그의 생애는 온통 열정으로 가득 차 있었다. 그는 자신에게 주어진 열정을 아낌없이 불태우며 살다간 인도의 빛나는 현자이다.

073
넘어질 때마다 일어서는 데
삶의 영광이 존재한다

결코 넘어지지 않는 것이 아니라 넘어질 때마다 일어서는 것,
거기에 삶의 가장 큰 영광이 존재한다.
_ 넬슨 만델라

(1918~2013)Nelson Rolihlahla Mandela **넬슨 R. 만델라**
남아프리카공화국 최초의 흑인 대통령, 인권 운동가, 아프리카 민족회의(ANC) 회장
주요 저서 《만델라 자서전》

　남아프리카공화국의 민주주의 투사 넬슨 만델라. 그는 자유와 평화의 횃불로 화해와 용서의 철학을 정치에 적용시키며 세계인들의 존경을 한 몸에 받았다. 그는 진정한 인류애가 무엇인지, 가치 있는 삶이 무엇인지를 온몸으로 보여 준 아프리카의 성자였다.
　만델라의 삶에는 남아프리카의 민주주의의 역사와 철학이 담겨 있다. 그가 목숨을 걸고 민주주의를 위해 헌신한 것은 소수 백

인으로부터 탄압받는 동족의 자유와 평화를 위해서였다. 그는 흑인들의 인권을 위해 1942년 비트바테르스란트대학에서 법률 학위를 받고, 동료인 올리버 탄보와 함께 변호사 사무실을 열고 본격적인 흑인 인권 운동을 시작했다.

당시 그가 변호사로서 할 수 있는 일은 제한되어 있었다. 길을 걸어도, 공공기관을 가도 흑인들은 투명인간 같은 존재였다. 만델라는 흑인들이 백인들에게 멸시 당하는 것을 더는 묵과할 수 없었다.

1942년 그는 아프리카 민족회의에 참여하며 백인 정부를 향한 본격적인 저항의 움직임을 보였다. 그는 흑인 해방운동의 선봉자로 나서서 백인의 국민당 정권의 극단적인 인종차별 정책인 아파르트헤이트 정책에 대항해 격렬한 논쟁을 벌이며 목숨을 걸고 싸웠다.

그의 저항에 백인들은 강하게 압박했고 끝내는 반역죄로 몰려 투옥되고 말았다. 무죄를 주장한 끝에 가까스로 석방되었지만 상황은 나아지지 않았다. 그는 운동의 노선을 수정하였다. 비폭력의 노선을 포기하고 정부를 향해 무장투쟁을 전개하였다.

경찰에 연행되고 징역형을 선고 받았지만 그의 의지는 꺾이지 않았다. 감옥에서 나온 그는 철통같은 감시를 뚫고 저항운동을 벌이며 백인 정부를 압박했다. 백인 정부는 눈엣가시인 만델라를 매장시키기 위해 반정부 활동의 근거가 되는 것을 모조리 수집해 1964년, 그에게 종신형을 선고했다.

만델라는 27년 동안 감옥에 갇혀 고통의 세월을 보내면서도 조국의 민주주의와 흑인들의 인권을 회복시키는 것을 포기하지 않았다. 오랜 수형 생활로 그의 몸은 병들어 만신창이가 되어갔다. 결핵 증세가 나타나 입원 치료를 받기도 했는데, 그 일을 계기로 흑인들의 인종차별은 전 세계에 알려지게 되었다. 국제사회는 만델라의 투쟁을 위대한 성과로 인정하며 그의 석방을 위해 남아공 정부를 압박했고 마침내 정부는 1990년, 그를 석방하였다.

석방된 만델라는 아프리카 민족회의 부의장으로 선출되었고, 동료인 올리버 탄보의 뒤를 이어 의장에 선출되었다. 그는 데클레르크 총리와의 평화적이고 자주적인 협력 관계를 통해 남아공을 평온하고 자유로운 사회로 만든 공로를 인정받아 노벨평화상을 수상했다.

이듬해 실시한 대통령 선거에서 65퍼센트라는 압도적인 지지를 얻으며 마침내 그는 남아공 최초의 흑인 대통령으로 당선되었다. 대통령이 된 그는 46년 동안이나 지속되었던 흑인 인종차별 정책을 종식시켰다. 그는 대통령직을 연임할 수 있었음에도 불구하고 자리에서 물러나 아프리카 국가들의 자유와 평화, 에이즈 퇴치를 위해 헌신하였다.

"결코 넘어지지 않는 것이 아니라 넘어질 때마다 일어서는 것, 거기에 삶의 가장 큰 영광이 존재한다."

그는 자신의 말처럼 신념을 현실로 만들었다.

074

행복의 열쇠는 어디에나 떨어져 있다

어느 곳에 돈이 떨어져 있다면 길이 멀어도 주우러 가면서,
제 발밑에 있는 일거리는 발로 차 버리고 지나치는 사람이 있다.
눈을 뜨라. 행복의 열쇠는 어디에나 떨어져 있다.
기웃거리고 다니기 전에 먼저 마음의 눈을 닦으라.
_ 앤드류 카네기

앤드류 카네기 | Andrew Carnegie(1835~1919)
미국 철강회사 창업주, 자선 사업가

미국 기부 문화의 1세대인 앤드류 카네기의 인생은 삶에 대해 많은 것을 생각하게 한다. 1835년 그는 스코틀랜드에서 가난한 수직공의 아들로 태어났다. 수동식 직조기 대신 증기식 직조기가 도입되면서 가세는 점점 기울었고 그의 가족은 결국 미국으로 이민을 떠났다. 가난을 운명처럼 안고 태어난 그는 학교를 다니는 대신 어려서부터 가족을 돕기 위해 일해야 했다.

카네기는 열세 살 때부터 방직공장에 다녔는데, 어린 그에게 방직공의 일은 너무나 고되고 힘들었지만 은근과 끈기로 참아 냈다. 학력은 초등학교를 다닌 것이 전부였지만 부지런함과 성실함으로 상사의 눈에 들어 사무보조를 담당하기도 했다. 그는 다른 일자리를 찾다가 피츠버그 전신 회사에 전보 배달원으로 취직했다.

전보 배달원 일은 틈틈이 책을 읽고, 공부할 수 있는 시간적 여유가 있었다. 그는 시간이 날 때마다 책을 읽으며 지식을 습득했다. 그의 열정을 눈여겨본 전신 회사의 안다슨 대령은 그가 책을 자유롭게 읽도록 자신의 독서실 이용을 허락해 주었다.

독학을 하며 전신 지식을 쌓은 카네기에게 기회가 찾아왔다. 전신 기사가 없는 사이에 전신이 온 것이다. 카네기는 평소 쌓은 지식을 바탕으로 능숙하게 수신했다. 뒤늦게 이 사실을 알게 된 지배인은 그의 능력을 높이 사 단번에 그를 전신 기사로 임명하며 주급도 배로 올려 주었다. 이후 오하이오 전신 회사에 고용 되는 등 그에게도 성공을 향한 길이 열리기 시작했다.

카네기는 전신국의 단골손님인 펜실베이니아 철도회사의 피츠버그 지부장 토마스 스콧의 눈에 들어 철도 전신 기사로 발탁되었다. 어느 날 스콧 지배인이 자리를 비웠을 때였다. 한 역에서 열차 충돌 사고가 일어나 각 열차의 발착 시간을 변경하지 않으면 안 되는 상황이 생겼다. 그냥 두면 열차 사고로 이어질 것이 뻔한 상황이었다. 명령을 내릴 지배인까지 없어 진퇴양난이었다.

카네기는 이후 벌어질 일을 책임질 각오로 각 역에 타전을 쳤다. 신속한 그의 조치에 다행히 사고는 일어나지 않았고 무사히

지나갔다. 나중에 이 일을 알게 된 스콧 지배인은 카네기를 크게 칭찬하며 자신의 비서로 임명했다.

카네기는 스콧의 비서로 일하면서 많은 정보를 입수했다. 특히 앞으로 제강업이 크게 성장할 것이라는 정보는 그에게 큰 꿈을 갖게 했다. 카네기는 제강업에 대한 공부를 하기 위해 영국으로 건너갔다. 그는 영국에서 화학적인 제강법을 연구하고 미국으로 돌아와 제강소를 설립하였다. 제강소를 설립한 그는 밤낮으로 제강 연구에 몰두해 질 좋은 제강을 생산해 냈다. 입소문이 난 카네기의 제강소는 세계 각처로부터 주문이 쇄도했고 더불어 세계 제일의 철강 회사로 우뚝서게 되었다.

카네기는 많은 돈을 벌었으나 늘 검소하게 생활했고, 사업 때문에 결혼도 52세 때 했다. 그는 삶에 최선을 다하는 태도로 쉬지 않고 일했다. 그는 66세 때 회사에서 물러나며 평생 피땀 흘려 번 돈을 사회에 환원하기로 결심하고 학교와 도서관을 짓는 데 후원하였다. 그는 어렵게 번 돈을 가치 있게 쓰며 자신의 인생과 성공을 드높인 진정한 승리자였다.

카네기가 운명처럼 타고난 가난을 극복하고 세계적인 기업가로 거듭날 수 있었던 것은 성실함과 굳은 신념 덕분이었다. 그는 요행을 경계했으며 주어진 일마다 최선을 다하는 적극적이고 긍정적인 자세로 삶에 임했다. 그는 노력도 하지 않고 잘되기 바라는 사람들에게 다음과 같이 말했다.

"어느 곳에 돈이 떨어져 있다면 길이 멀어도 주우러 가면서, 제 발밑에 있는 일거리는 발로 차 버리고 지나치는 사람이 있다. 눈을 뜨라. 행복의 열쇠는 어디에나 떨어져 있다. 기웃거리고 다니기 전에 먼저 마음의 눈을 닦으라."

성실과 열정으로 값진 삶을 살았던 카네기의 말은 어떤 말보다도 힘이 세다.

075
불가능해 보이는 일도 꾸준히 노력하면 이룰 수 있다

아무리 힘들고 불가능해 보이는 일도
꾸준히 노력하면 이룰 수 있다.
_ 이백

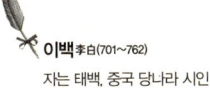

이백 李白(701~762)
자는 태백, 중국 당나라 시인

중국 당나라 때 시인으로 두보와 함께 중국 역사상 최고의 시인으로 추앙받는 이백. 그는 정치에 뜻을 두었으나 출사할 기회를 얻지 못해 정치와는 무관한 삶을 살았다. 이것은 오히려 그가 시에 몰두할 수 있는 기회가 되어 내면에서 끓어오르는 열정을 시로 승화시키도록 했다. 그가 최고의 시인이 될 수 있었던 것은 타고난 재능 덕도 있지만 뼈를 깎는 노력이 있었기에 가능했다.

"아무리 힘들고 불가능해 보이는 일도 꾸준히 노력하면 이룰 수 있다."

고사성어로는 마부작침磨斧作針이라고 한다. '도끼를 갈아 바늘을 만든다'는 뜻이다. 이백이 중국 역사상 최고의 시인이 된 데는 다음과 같은 사연이 있었다.

이백이 집을 떠나 글공부에 전념하던 시절이었다. 문재에 뛰어난 그도 매일 똑같은 일을 반복하는 것이 때로는 고리타분했다. 참다못한 그는 집에 돌아가기 위해 산을 내려가기로 결심했다. 집에 간다는 생각에 그의 마음은 들떠 있었다. 그가 시냇가에 이르렀을 때였다. 그는 바위에 도끼를 갈고 있는 한 노파와 만났다. 그 모습이 하도 이상하여 이백은 가던 길을 멈추고 말을 건넸다.

"할머니, 무슨 일로 도끼를 바위에 가는 것입니까?"

"바늘을 만드는 중이란다."

노파는 빙그레 웃으며 말했다.

"이렇게 큰 도끼를 바위에 간다고 하여 바늘이 될 수 있나요?"

노파의 대답이 하도 어이가 없어 이백이 다시 물었다.

"그럼 되고말고."

노파는 당연하다는 듯이 대답했다.

"어떻게 그처럼 당연한 듯이 말씀하세요?"

이백은 너무도 당연하다는 듯이 말하는 노파의 태도에 궁금함이 생겨 다시 물었다.

"그 이유를 알고 싶은가?"

노파는 이백을 쳐다보며 말했다.

"네. 할머니."

"그 이유는 간단하단다. 도끼를 갈 때 힘들다고 중간에 포기하지 않으면 되지."

중간에 포기만 하지 않으면 만들 수 있다는 노파의 말에 이백의 가슴은 뜨끔거렸다. 꼭 자신을 두고 하는 말 같았기 때문이다. 순간 자신이 열심히 공부할 것이라고 철썩 같이 믿고 있을 아버지의 얼굴이 떠올랐다.

'아버지, 죄송해요. 제가 잠시 저의 본분을 잊었습니다. 이 길로 다시 돌아가 학문에 정진토록 하겠습니다.'

생각을 굳힌 이백은 자신에게 깨달음을 준 노파에게 절을 올리고 산으로 되돌아갔다. 이후 그는 이전과는 다른 자세로 학문에 정진하였다. 공부를 하다 꾀가 나거나 게으름을 피우고 싶어질 때면 마부작침의 교훈을 떠올리며 마음을 다잡았다. 학문을 갈고 닦으며 그는 다양한 지식을 쌓았고 주옥같은 시를 써내려 갔다.

만일 이백이 노파의 가르침을 뒤로하고 집으로 돌아갔다면 그의 인생은 완전히 달라졌을 것이다. 모든 것은 다 때가 있는 법이다. 이백은 때를 잘 활용했기에 오늘날까지 추앙받는 인물이 될 수 있었다.

076
죽었다 다시 태어나도
나는 배우가 될 것이다

죽었다 다시 태어나도
나는 배우가 될 것이다.
_ 나운규

(1902~1937) 나운규
영화배우, 영화감독, 신극단 예림회 단원. 나운규프로덕션 대표
주요 작품 〈아리랑〉, 〈벙어리 삼룡이〉, 〈오몽녀〉 외

　우리나라 영화사에서 독보적인 존재로 인정받는 〈아리랑〉의 감독이자 배우였던 나운규. 그가 우리나라 영화사에서 차지하는 비중은 대단히 크다. 영화의 불모지나 다름없던 우리나라 영화사에 끼친 그의 공로는 실로 지대하다. 그는 우리나라 영화사의 선구자였다. 그는 영화에 대한 자신의 열정을 이렇게 표현하였다.
　"죽었다 다시 태어나도 나는 배우가 될 것이다."

나운규가 이 말을 한 데는 다음과 같은 일화가 있다.

그는 스물세 살 되던 해에 영화에 입문하였다. 그는 영화배우가 되기 위해 일본인이 운영하던 영화사 조선키네마를 찾아갔다. 당시 영화사에는 영화배우를 꿈꾸는 사람들로 가득했다. 오디션을 보는 자리였는데 한 사람씩 불러나갔고, 마침내 그의 차례가 되었다. 그는 테스트를 받기 위해 시험관 앞에 섰다. 시험관 이름은 윤백남 감독이었다. 그는 대뜸 이렇게 말했다.

"나운규 씨, 당신은 영화배우가 될 수 있다고 생각하는가?"

"네. 저는 누구보다도 연기를 잘 할 수 있다고 생각합니다."

나운규는 당당하게 말했다. 그를 넌지시 바라보던 감독이 말했다.

"미안하지만 나운규 씨는 안 되겠어."

"제 얼굴 때문인가요? 그 이유를 말씀해 주십시오."

나운규는 실망스러웠지만 애써 담담한 듯 말했다.

"나운규 씨는 체격부터가 배우로서 적합하지 않아. 키가 보통 사람보다 작은 데다 안짱다리가 아닌가. 게다가 얼굴 또한 잘생긴 것도 아니지 않나. 그런데 어떻게 배우가 되겠다는 것인가?"

감독은 거침없이 말했다. 보통 사람 같으면 감독의 태도에 기가 죽어 오디션 장을 뛰쳐나갔을 것이다. 나운규는 눈 하나 깜짝하지 않고 되물었다.

"하지만 연기는 잘할 수 있습니다."

"모르는 말 말게. 연기만 잘한다고 해서 배우가 될 수는 없어. 적어도 배우가 되려면 인물이 좋아야 해. 나운규 씨는 불합격이야."

감독의 불합격이라는 말에 나운규는 눈앞이 캄캄해졌다. 자신의 꿈이 산산조각 나는 것 같았다. 그는 정신을 차리고 감독에게 애원했다.

"감독님, 저를 한 번 써 보십시오. 그러면 생각이 달라지실 것입니다."

감독은 나운규의 간절한 애원을 그냥 지나칠 수 없어 다시 그에게 물었다.

"그렇게도 영화배우가 되고 싶은가?"

"네. 죽었다 다시 태어나도 저는 영화배우가 될 것입니다."

나운규는 이렇게 말하며 감독을 바라보았다.

"좋아, 그러면 잔심부름부터 하도록 하게."

감독의 말에 그는 세상을 다가진 듯 기뻐했다. 그는 각고의 노력 끝에 영화 〈운영전〉에 단역으로 출연하며 배우의 길을 가게 되었다. 그 후 그는 연기력을 인정받아 〈심청전〉의 주연으로 발탁되어 열연하면서 배우로서 주가를 높였다. 이후 그는 〈아리랑〉, 〈오몽녀〉 등의 작품을 연출하며 영화감독으로서도 사람들에게 인정받으며 진정한 영화인이 되었다. 다시 태어나도 영화배우가 되겠다던 나운규의 말에는 그의 신념이 담겨 있다. 그의 굳은 신념은 우리나라 영화사에 한 획을 그었으며 그 영향은 지금도 계속되고 있다.

077
나의 글이 진귀하지 못해 남에게 보이면
사흘 동안 부끄러워진다

나의 글이 진귀하지 못해 한번 남에게 보이면 사흘 동안 부끄러워진다.
상자 속에 깊숙이 넣어두었는데 스스로 나올 날이 있을 것이다.
_이덕무

이덕무(1741~1793)

호는 아정, 조선시대 후기 실학자
저서 《영처시고》, 《청비록》, 《관독일기》, 《한죽당 수필》 외

'책만 읽는 바보'로 알려진 이덕무. 그가 평생 동안 읽은 책은 무려 2만 권이 넘는다고 한다. 그에게 책은 연인이자 목숨이었고, 스승이자 벗이었으며, 형제이자 인생의 동반자였다. 책에는 그의 철학과 사상, 꿈이 들어 있었다. 책이 좋아 한평생 책을 끼고 살았던 이덕무는 서자로 태어났다. 당시 서자는 호부호형이 금지되었다. 조선시대의 엄격한 신분제도는 서자인 그에게 천형이나 다름

없었다. 반쪽짜리 양반은 평민의 신분보다 나은 것이 없었다. 벼슬길에 오를 수도 돈을 벌기 위해 장사를 할 수도 없었다. 그가 할 수 있는 일이라고는 오직 책을 보는 일뿐이었다. 책만 읽다 보니 그의 생활은 더욱 곤궁해졌다.

그는 자신의 운명을 책을 통해 극복하려 했다. 책을 읽을 때는 모든 압박과 고통으로부터 벗어날 수 있었기 때문이다. 그는 현실의 고통을 떨쳐내기 위해 더욱 책 읽기에 집중하였다. 그는 열심히 책만 보는 자신을 일컬어 '책만 보는 바보'라고 하였다.

책 속에는 그가 바라던 길이 있었다. 당시로서는 불가능해 보이는 일도 있었지만, 그는 폭넓은 독서를 통해 다양한 지식을 습득하였다.

그러던 어느 날 믿기지 않는 일이 벌어졌다. 하늘은 스스로 돕는 자를 돕는다고 했는데 그에게도 기회가 찾아왔다. 개혁적인 성향을 지닌 정조가 임금이 된 것이다. 정조는 자신이 꿈꾸는 조선을 만들기 위해 다양한 재능을 가진 사람들에게 출사의 기회를 주었는데 신분을 떠나 그 사람의 능력을 보았다. 이덕무에게 그가 가진 지식을 펼쳐 보일 수 있는 기회가 찾아온 것이다. 정조는 이덕무의 뛰어남을 알아보고 그를 규장각 검서관으로 임명하였다. 이덕무에게는 자신의 뜻을 펼칠 수 있는 천재일우의 기회였다. 그는 자신에게 주어진 기회를 십분 발휘할 수 있도록 매사에 최선을 다했다.

이덕무의 성격은 곧고 강직했으며 생활은 청렴했다. 그는 언행도 무척 신중했으며 법도에 한 치의 어긋남도 허용하지 않았다.

그는 10년 동안 검서관 일을 하며 많은 책을 저술하였는데, 역사와 지리, 초목과 곤충, 물고기 등에 폭넓은 지식이 있었기에 가능한 일이었다. 그의 저술 총서라 할 수 있는 《청장관전서》를 통해 그의 폭넓은 지식과 학문적 깊이를 가늠해 볼 수 있다.

이덕무는 시문에도 능했다. 청나라에서 간행된 《한객건연집》에 유득공, 박제가, 이서구와 더불어 수록된 그의 시가 99수에 달하는데 청나라 문인들 사이에서도 그의 명성은 자자했다. 이덕무는 자신의 시에 대해 이렇게 평했다.

"나의 글이 진귀하지 못해 한번 남에게 보이면 사흘 동안 부끄러워진다. 상자 속에 깊숙이 넣어두었는데 스스로 나올 날이 있을 것이다."

이덕무의 성품은 매우 겸허했다. 그는 자신의 글을 부끄럽게 여기면서도 훗날 평가받을 일이 있을 것이라 예단했다. 그의 말대로 그가 떠나고 나서 진가는 세상에 드러났다. 비록 서자로 태어났지만 그는 풍부한 독서를 통해 다양한 저서를 남겼고, 실학이 발전하는 데 지대한 공헌을 했다. 그는 시공을 초월하여 지금도 사람들에게 다독가로 기억되고 있다.

078
내가 **당신**을 위해
그런 호텔을 지어 줄 것이다

당신은 미국에서 제일가는 호텔 매니저로 일해야 마땅한 사람이다.
내가 당신을 위해 그런 호텔을 지어 줄 것이다.
_윌리엄 월도프 아스토리아

William Waldorf Astoria 윌리엄 월도프 아스토리아
월도프 아스토리아 호텔 회장

"당신은 미국에서 제일가는 호텔 매니저로 일해야 마땅한 사람이다. 내가 당신을 위해 그런 호텔을 지어줄 것이다."

세계에서 가장 멋진 호텔을 지은 윌리엄 월도프 아스토리아가 조지 C.볼트라는 젊은이에게 한 약속이다. 약속에 숨겨진 아름다운 일화이다.

비오는 새벽 필라델피아 산골의 작은 호텔에 한 노부부가 현관문을 열고 들어 왔다.

"방 좀 주시겠소?"

노신사가 호텔 직원에게 말했다. 그런데 그날따라 빈방이 하나도 없었다.

"죄송합니다만, 빈방이 하나도 없습니다."

호텔 직원은 이렇게 말하며 방이 없는 것이 마치 자신의 잘못인 양 난처해 했다.

"그래요. 그럼 어쩐다."

노신사가 아내와 같이 현관문을 나서려는데 젊은이가 말했다.

"저 손님, 제가 쓰는 방이 있는데 누추한 방이지만 괜찮으시다면 방을 내어 드리겠습니다."

젊은이의 말에 노신사가 반색하며 말했다.

"오, 그래요. 그렇게 해준다면 나로서는 참으로 감사한 일이지요."

"저를 따라오십시오."

젊은이는 노부부를 모시고 자신의 방으로 갔다. 그는 깨끗하게 청소를 한 뒤 잠자리를 봐주었다.

"손님, 그럼 편하게 쉬십시오."

"고맙소."

노신사의 말에 젊은이는 미소로 화답했다.

다음 날 아침, 노신사는 기분 좋은 얼굴로 청년에게 다가왔다.

"편히 주무셨습니까?"

젊은이가 친절하게 말했다.

"덕분에 아주 잘 잤소. 당신은 미국에서 제일가는 호텔 매니저로 일할 사람이오. 내가 그런 호텔을 지어 주겠소."

노신사는 이 말을 남기고 호텔을 떠났다. 젊은이는 노신사의 말을 까맣게 잊고 지냈다.

세월이 흘러 2년 후, 그는 어느 호텔 준공식의 초대장을 받고 뉴욕에 가게 되었다. 가면서도 그는 자신을 초청한 사람이 누구인지 감이 잡히지 않았다. 그가 뉴욕에 도착했을 때 한 노신사가 그를 마중 나와 있었다. 그는 노신사를 알아보고 정중하게 인사를 건넸다. 노신사는 그를 새로 지은 멋진 건물로 안내하며 말했다.

"이 건물이 바로 내가 2년 전, 당신에게 약속했던 호텔이오. 오늘부터 당신은 이 호텔 총지배인이라오."

노신사의 말에 청년은 깜짝 놀랐다. 자신이 봐왔던 어떤 호텔보다도 크고 아름다웠기 때문이다. 필라델피아 작은 호텔 직원이었던 그는 그날 이후 미국에서 가장 크고 멋진 호텔의 총지배인이 되었다. 그 호텔이 바로 월도프 아스토리아 호텔이다. 작은 친절이 생각지도 못한 큰 성공을 가져다 준 것이다. 친절의 가치를 새삼 깨닫게 하는 이야기이다.

079
내 꿈과 열정에 솔직한 것이 내 삶이고 경영이다

나는 가슴이 이끄는 대로 살고, 새로운 것에 도전하며,
상상한 것을 실현한다. 내 꿈과 열정에 솔직한 것,
그것이 내 삶이고 경영이다.
_리처드 브랜슨

리처드 브랜슨 Richard Charles Nicholas Branson(1950~현재)
영국 버진 그룹 CEO, 기시 작위
2005년 영국 BBC '지구촌을 이끌 베스트 11인' 선정
영국인이 가장 좋아하는 기업 TOP3로 버진 그룹 선정
저서 《내가 상상하면 현실이 된다》 외

영국 최대의 기업인 버진 그룹의 CEO 리처드 브랜슨. 그는 자유분방하고, 파격적이다. 저돌적이면서도 모험심이 강하다. 상상력이 뛰어나며 일을 즐거운 게임처럼 하는 낙천적인 면도 있다. 그는 사회 지도층의 의무와 책임에 관심을 가지고 적극적으로 실천에 옮기려 한다. 한 마디로 그는 입체적인 성향을 가진 '멀티형' 인물이다. 그는 어린 시절부터 자신이 하고 싶은 일은 망설이지

않고 즉시 행동에 옮길 정도로 적극성을 타고났다.

그는 열다섯 살 때 친구인 조니 젬스와 함께 학생을 대상으로 하는 잡지 〈스튜던트〉를 창간하였다. 가진 것은 열정과 아이디어뿐이었지만 자신 있었다. 브랜슨은 취재의 대상을 선별하고 수백 명의 유명 인사들에게 편지와 전화로 인터뷰를 요청하였다. 유명 인사들을 인터뷰 대상자로 끌어 들이면 잡지의 위상도 높아지고 판매에도 영향을 줄 것이라 생각했기 때문이다. 당찬 그의 열정에 감동한 장 폴 사르트르, 볼드윈, 앨리스 워커를 비롯한 유명인들이 취재에 응함으로써 잡지의 공신력을 높였다. 그는 잡지 운영비를 마련하기 위해 광고주를 모집하였으며, 친구들을 동원해 잡지를 파는 등 열다섯 살 소년이라고 하기에는 믿기지 않을 만큼 철저하고 계획적으로 일을 진행했다.

브랜슨은 극심한 난독증으로 고등학교를 중퇴하고 본격적으로 잡지를 운영하며 자리를 잡아 나갔다. 그는 새로운 사업을 구상하다가 옥스퍼드에 버진 음반 가게를 차렸다. 매장 인테리어를 학생들의 취향을 고려해 꾸몄는데 반응은 뜨거웠다. 가게는 호황을 누렸으며 주요 도시에 버진 음반 가게들이 생겨났다.

이후 그는 버진 애틀랜틱 항공사를 설립하여 자리를 잡자 유럽의 저가 항공사인 버진 익스프레스와 호주의 저가 항공사인 버진 블루, 나이지리아의 버진 나이지리아 항공, 미국의 저가 항공사인 버진 아메리카를 설립하였다.

현재 버진 그룹은 30여 개의 국가에 200여 개의 미디어, 모바일, 인터넷, 음료, 호텔, 레저, 여행, 라디오, 우주산업 등 다양한 분야에서 열정적으로 사업을 경영하고 있다. 그는 열기구를 타고 태평양과 대서양 횡단에 성공했으며, 시시때때로 세계 일주 여행을 하는 등 모험가로서의 삶을 즐기고 있다. 그는 특유의 활달함으로 사람들에게 무엇이든 할 수 있다는 도전 정신을 불러일으키고 있다.

그는 지구온난화에 따른 환경문제에도 가담하여 엘 고어 전 미국 부통령을 비롯한 세계 환경 운동가들과 함께 적극적인 활동을 벌이고 있다. 그는 헐벗고 굶주리는 아프리카를 비롯한 제3세계 국가의 가난한 이들을 위해 의료품과 식량 및 구호물자를 후원하며 사회적 책무를 다하고 있다.

브랜슨이 맨주먹으로 대성할 수 있었던 것은 자신이 생각한 것을 머뭇거리지 않고 곧 시작했기 때문이다. 그의 도전 정신은 한시도 생각을 멈추지 않게 했으며 성공의 기폭제가 되었다. 그는 자신의 성공 철학에 대해 다음과 같이 말했다.

"나는 가슴이 이끄는 대로 살고, 새로운 것에 도전하며, 상상한 것을 실현한다. 내 꿈과 열정에 솔직한 것, 그것이 내 삶이고 경영이다."

브랜슨은 한 사람이 지닐 수 있는 있는 능력의 다양함과 한계가 어디까지인지를 보여 주고 있다. 그는 남다른 삶의 철학을 가진 기업가이며, 언제나 현재와는 다른 것을 보기 위해 시도하는 혁신가이다.

080
용서할 수 없어도
용서하라

때론 용서할 수 없는 사람이 있다. 도저히 지울 수가 없는 분한 일들도 있다.
그러나 그럴수록 지우고 용서하라. 왜냐하면 그런 기억과 분노들이
우리에게 주어진 삶의 질을 망가뜨리기 때문이다.
_ 미첼 바첼레트

(1951~현재)Veronica Michelle Bachelet Jeria **미첼 바첼레트**
칠레 첫 여성 대통령

남미 최초의 여성 대통령인 칠레의 미첼 바첼레트. 그녀는 2006년 선거를 통해 당당하게 칠레의 대통령이 되었다. 그녀는 대통령이 되기 전에는 최초의 여성 국방장관을 역임했다. 그녀의 이름 앞에는 최초라는 낱말이 항상 수식어처럼 따라 붙었다.

미첼 바첼레트는 중도 실용주의 리더십으로 건실한 경제성장을 이끌며, 2010년 1월 선진국 클럽 경제협력개발기구OECD에 남

미 최초로 가입했다. 퇴임 무렵에는 국민들의 지지율이 84퍼센트나 되었고, 2013년에 선거에 다시 출마하여 당선됨으로써 두 번째 임기를 맞이했다.

미첼 바첼레트는 포용력과 결단력, 자신의 뜻을 관철 시키는 추진력이 대단히 뛰어나다. 그녀는 남녀 동수의 내각을 구성하며 양성평등에 따라 남성과 여성을 동일시했다. 기존 남성 위주의 내각 구성에 대한 일대의 변혁이었다. 그녀는 아버지가 군사정권의 고문으로 희생됐던 과거사 청산을 주도했다. 여기서 대통령으로서 그녀의 진면목이 잘 드러난다. 그녀는 억울하게 희생된 아버지의 원한을 갚기보다는 국가의 미래와 국민들의 자유와 평화, 경제성정과 안정을 위해 정적들을 용서하여 화합을 이끌어 냈다. 누구도 흉내낼 수 없는 포용이며 결행이었다. 다음은 그녀가 대통령이 되어 국민의 화합을 강조하며 한 말이다.

"내본 용서할 수 없는 사람이 있다. 도저히 지울 수가 없는 분한 일들도 있다. 그러나 그럴수록 지우고 용서하라. 왜냐하면 그런 기억과 분노들이 우리에게 주어진 삶의 질을 망가뜨리기 때문이다."

그녀는 아버지를 잃은 슬픔과 고통을 안고 살았지만 국가를 위한 원대한 포부를 화합과 협력으로 이끌어 냈다. 유연한 사고와 탄력적인 리더십으로 위기에 처한 국가 경제를 안정시킴으로써 칠레를 남미 최초로 경제개발협력기구의 일원이 되게 했다.

여성은 결코 약하지 않다. 오히려 남성보다 강하고 질긴 데가 있다. 미첼 바첼레트가 '나는 여자인데 그것을 어떻게 하지?'라고 생각했다면 그녀는 아무것도 할 수 없었을 것이다. 그녀는 단 한 번도 그런 생각을 하지 않았다.

그녀는 투철한 책임감을 바탕으로 국민을 사랑했고, 나라를 생각했다. 그녀는 자신의 안위와 유익에 대해서는 조금도 생각하지 않았다. 어떤 일에서든 실행하고자 마음먹은 것은 곧장 행동으로 옮겼으며 적극적으로 실천하였다. 신속하고 일관성 있는 행동과 자신이 한 말을 반드시 지켜 내는 책임감은 국민들에게 믿음을 주었다.

그녀가 여성이라는 사회적 제약을 극복하고 성공할 수 있었던 것은 나름의 신념과 원칙이 있었기 때문이다. 여성과 남성을 구분하는 것은 미첼 바첼레트에게는 통하지 않았다. 그녀의 두둑한 배짱과 용기, 화끈한 추진력은 남성 각료들을 긴장시켰고, 타국의 정상들에게도 당당하고 유연한 이미지를 심어 주기에 충분했다.

081

나는 내 말을 실현해 냈다. 그것은 내 의지와 열망이 이룬 결과였다

> 기필코 작가로 성공해서 〈애틀랜틱 먼슬리〉에 작품이 실리도록 할 것이다.
> 그리고 나는 내 말을 실현해 냈다. 그것은 내 의지와 열망이 이룬 결과였다.
> _루이사 엘콧

루이사 엘콧 Louisa Alcott(1832~1888)
작가
주요 작품 《작은 아씨들》 외

"기필코 작가로 성공해서 〈애틀랜틱 먼슬리〉에 작품이 실리도록 할 것이다. 그리고 나는 내 말을 실현해 냈다. 그것은 내 의지와 열망이 이룬 결과였다."

소설 《작은 아씨들》로 유명한 작가 루이사 엘콧의 말이다. 그녀가 이 말을 한 데는 다음과 같은 사연이 있다.

루이사 엘콧은 작가가 되기 위한 열망으로 가득 차 있었다. 그녀는 손이 아프도록 습작을 하였고 그렇게 쓴 작품들은 하나 둘씩 쌓여 갔다. 그러던 어느 날 그녀는 작품을 들고 애틀랜틱 먼슬리 출판사를 찾아갔다.

"작품을 가지고 왔는데 검토를 해주시겠습니까?"

그녀는 편집자에게 말했다.

"네. 검토해서 연락을 드리지요."

편집자는 이렇게 말하며 그녀의 원고를 책상 한 구석으로 밀어 놓았다. 인사를 하고 밖으로 나온 루이사 엘콧은 출판사를 쓱 한 번 둘러보고는 집으로 돌아왔다. 얼마 후 출판사에서 그녀에게 원고를 가져가라며 연락이 왔다. 그녀를 대신해 그녀의 아버지가 출판사에 찾아갔다.

"댁의 따님에게 교사 일을 그만두지 말라고 전해 주세요. 작가로서는 성공하기 힘들 것 같군요."

편집자는 원고를 돌려주며 말했다. 루이사 엘콧의 아버지는 속이 상해 집으로 돌아왔다. 사랑하는 딸이 받을 마음의 상처를 생각하니 가슴이 아팠지만, 딸을 위해 사실대로 말할 수밖에 없었다. 그녀는 아버지로부터 말을 전해 듣고 반드시 〈애틀랜틱 먼슬리〉에 작품이 실리도록 하겠다고 굳게 결심하였다.

그 날 이후 그녀는 작품 쓰기에 더욱 몰두하였다. 자신의 능력을 무시한 편집자의 코를 납작하게 해주고 싶었던 것이다. 노력 끝에 그녀는 당대 최고의 시인인 롱펠로우로부터 '에머슨 급의 시인이 아니면 쓸 수 없는 작품'이라는 격찬을 들은 시를 〈애틀랜틱 먼슬리〉에 발표하며 등단하였다.

그녀는 자신의 결심대로 실행하여 첫 번째 꿈을 이뤘다. 이후 그녀는 애틀랜틱 먼슬리에서 반드시 책을 내겠다고 결심하고 글쓰기에 몰두하였다. 글이 잘 써지지 않거나 피곤하고 힘들 때도 그녀는 손에서 펜을 놓지 않았다. 힘들어도 좋았고, 피곤해도 좋았다. 반드시 책을 내겠다는 일념이 그녀를 강하게 만들었다. 하루가 다르게 쌓여 가는 원고를 보는 것만으로도 그녀는 뿌듯해 했다.

시간이 흘러 어느 덧 그녀의 책상에는 완성된 원고가 놓이게 되었다. 그녀는 흐뭇한 미소를 지으며 원고를 안고 출판사에 찾아갔다. 얼마 되지 않아 계약하자는 편집자의 연락을 받고 그녀는 뛸 듯이 기뻐하였다. 그녀는 그렇게 바라던 책을 손에 쥐게 되었고, 그 책은 그녀의 인생을 완전히 바꾸어 놓았다. 책은 베스트셀러가 되어 그녀에게 부와 명성을 안겨 주었다. 그녀가 작가로서 성공할 수 있었던 것은 스스로에 대한 믿음을 바탕으로 열정을 다했기 때문이다.

082
나는 반드시 왕이 될 것이다

나는 반드시 왕이 될 것이다.
_오노레 드 발자크

(1799~1850) Honore de Balzac **오노레 드 발자크**
소설가
주요 작품 《인간희극》, 《고리오 영감》, 《골짜기에 핀 백합》 외

《고리오 영감》, 《골짜기에 핀 백합》으로 유명한 프랑스 소설가 발자크. 그는 프랑스 사실주의 문학의 거장이다. 극작가이기도 한 그는 51세를 일기로 타계할 때 까지 100편이 넘는 장편소설과 여러 단편소설을 썼으며 여섯 편의 희곡과 많은 콩트를 쓴 왕성한 필력의 작가이다. 그는 작가가 되기 전에 법률을 공부했지만, 법률가의 삶이 적성에 맞지 않음을 깨닫고 작가가 되기로

결심하며 다음과 같이 말했다.

"나는 반드시 왕이 될 것이다."

그가 남긴 말에 대한 일화이다. 그가 작가가 되겠다고 했을 때 그의 아버지는 극심하게 반대하였다.

"나는 네가 작가가 되는 것을 반대한다."

"왜 반대하시는 거죠?"

발자크는 아버지가 반대하는 이유를 듣고 싶었다.

"문학은 배가 고프기 때문이지."

"배가 고프지 않게 하면 되잖아요."

"그것이 말처럼 쉽지만은 않단다. 문학을 하는 사람은 왕이 아니면 거지가 될 뿐이지."

그의 아버지는 이렇게 말하며 그가 작가의 길을 포기하기 바랐다. 그는 단호하게 말했다.

"그럼 저는 반드시 왕이 되겠습니다."

그의 아버지는 그의 뜻이 확고함을 깨닫고 더 이상 반대하지 않았다. 그날 이후 발자크는 다락방에 틀어박혀 글쓰기에 몰두했다. 그는 하루에 열여섯 시간씩 글을 썼다. 그럼에도 작가로서 성공하기란 쉽지 않았다. 생활고에 시달렸지만 작가의 꿈을 포기할 수는 없었다. 그는 소설만이 자신을 가난으로부터 벗어나게 해줄 것이라고 굳게 믿었다.

당시 그에게는 많은 빚이 있었다. 이십대 중반에 인쇄업을 하다 실패를 하는 바람에 진 빚이었다. 그는 글을 쓰다가도 빚쟁이들이 찾아오면 비상구로 도망쳐야 했다. 그는 빚쟁이들과 숨바꼭

질을 하며 글을 썼다. 그러는 동안 10년이라는 세월이 흘렀고 마침내 그는 가난으로부터 벗어날 수 있었다. 마흔 번째 소설 끝에 소설가로서 당당히 자리를 잡은 것이다.

발자크는 프랑스 사실주의의 대표적인 작가이지만 자연주의 소설에도 큰 영향을 끼쳤다. 그는 '문학의 나폴레옹'이 되겠다고 할 정도로 문학에 열중했다. 그는 글에 집중하기 위해 하루에 무려 40잔이 넘는 커피를 마셨는데 결국, 과도한 카페인의 섭취로 건강을 잃었다. 그는 자신의 건강을 포기하면서까지 문학에 열정을 다했다. 마치 하나를 얻기 위해서 다른 하나는 포기해야한다는 말처럼 문학적 명성을 얻은 대신 건강을 잃은 것이다. 발자크는 '나는 반드시 왕이 될 것이다'라고 말한 대로 성공한 작가가 되었고, 그의 이름을 프랑스 문학사에 길이 남겼다.

083
성공 비결은 다른 사람의 관점을 포착하여 자신의 입장에서 생각하는 것이다

만약 성공의 비결이 있다면 그것은 타인의 관점을 잘 포착하여
자기 자신의 입장에서 사물을 볼 줄 아는 재능, 바로 그것이다.
_ 헨리 포드

헨리 포드 Henry Ford(1863~1947)
포드 자동차 창업
주요 저서 《헨리 포드의 국제유대인》, 《헨리 포드》 외

　　미국을 대표하는 자동차 회사 포드의 창업주인 헨리 포드. 그는 혁신적이고 개혁적인 사고로 성공한 인물이다. 농부의 아들로 태어난 그는 평소 기계에 관심이 많았다. 특히 자동차에 관심이 많아 밤을 새워가며 자동차 연구에 몰두하였다. 소음때문에 마을사람들에게 욕을 먹기도 했지만, 그는 피나는 노력 끝에 멋진 자동차를 만들어 냈다. 그가 만든 차가 자동차 경주에서 엄청난 스피

드를 자랑하며 당당히 우승하자 사람들이 소식을 전해 듣고 몰려와 그가 설립하는 자동차 회사에 돈을 대겠다고 줄을 설 정도였다.

마침내 디트로이트에는 포드 이름을 딴 자동차 회사가 설립되었고 그 후 포드 자동차는 승승장구하며 크게 도약하였다.

포드의 성공에는 다양한 요인이 있었지만 가장 중요한 것은 소통이었다. 그는 상대의 장점을 보고 칭찬하며 격려하는 데 탁월했다. 그는 직원들 한 명 한 명을 자신과 동등한 주체로 여겼다. 직원들을 상하가 아닌 수평적인 관계로 여긴 것이다. 직원들을 향한 그의 경영 철학은 지금도 획기적인 것으로 높이 평가되고 있다.

포드는 직원을 만나면 먼저 인사를 건넸고 직원들의 이름을 일일이 기억해 주었다. 직원들은 경영주가 먼저 인사를 건네고 자신의 이름을 기억해 주는 데 대해 크게 감동하였다. 그는 사장이었지만 언제나 직원들 입장에서 생각하고 말했다. 일하는 데 불편한 점은 없을까, 임금은 부족하지 않을까, 회사에 바라는 것은 무엇일지를 항상 고민했다. 포드의 인간미 넘치는 모습에 직원들은 크게 공감했고 그에게 매료되었다.

뿐만 아니라 포드는 상대방을 배려함에 있어서도 남달랐다. 그는 상대방의 마음을 읽는 데 탁월한 능력을 보였다. 그의 배려가 돋보이는 일화이다.

두 젊은이가 입사를 하였다. 한 젊은이는 대학을 나왔고, 한 젊은이는 무 학력자였다. 둘은 수습사원으로서 동등한 업무를 받았다. 그러자 대학을 나온 젊은이가 부당하다며 항의했다. 대학을 나온 자신과 무 학력자인 상대를 동등하게 대하는 것이 불만스러웠던 것이다. 그러자 포드는 학력보다는 사람 됨됨이를 먼저 본다고 말하며, 수습기간이 끝나면 그때 개개인에 맞는 일이 주어질 것이라고 말했다. 이후 대학을 나온 직원은 퇴사를 한 반면 무 학력자인 직원은 열심히 일해 승승장구하여 공장장이 되었다.

포드는 상대방의 단점보다는 장점을 보았다. 사람들은 대개 상대의 장점보다는 단점을 먼저 보려는 경향이 있다. 포드는 직원 개개인의 장점을 찾아 칭찬하고 격려해 주었다. 그의 태도는 상대방을 기분 좋게 해주었고, 맡은 일에 책임감을 다하게 했다. 그는 자신의 성공 비결에 대해 다음과 같이 말했다.

"만약 성공의 비결이란 것이 있다고 하면 그것은 타인의 관점을 잘 포착하여 자기 자신의 입장에서 사물을 볼 줄 아는 재능, 바로 그것이다."

포드가 성공할 수 있었던 것은 직원들을 아끼고 존중하는 따듯한 인간애가 있었기 때문이다.

084
익은 밤은
저절로 떨어진다

익은 밤은 저절로 떨어진다.
_ 정철

(1536~1593) 정철
조선시대 중기 문신 겸 시인
문집 《송강집》, 《송강가사》, 가사 〈사미인곡〉, 〈관동별곡〉, 〈속미인곡〉, 〈성산별곡〉 외

조선 중기의 대표적인 문인으로 잘 알려진 송강 정철. 그는 조선 제13대 임금인 명종과 제14대 임금인 선조 때 문신으로 가사에 능통한 시인이었다. 그의 대표적인 가사 〈사민인곡〉, 〈관동별곡〉은 우리나라 가사 문학의 결정체로 평가 받고 있다. 그는 성격이 강직하고 청렴했으나 융통성은 다소 부족했다고 한다.

정철이 강원도 관찰사로 있을 때의 일이다. 두 친구 사이에 말

다툼이 벌어졌다.

"자네는 확실한 증거도 없이 어떻게 그렇게 말할 수 있는가."

오해를 받은 친구가 화가 나서 말했다.

"방귀 낀 놈이 성낸다더니 네가 바로 그 짝이구나."

한 친구가 증거 없이 말한다고 화를 내니 다른 친구는 이렇게 말하며 상대의 인격을 깎아내렸다. 오해 받은 친구는 자신의 억울함을 참지 못하고 크게 분노하다가 그만 쓰러지고 말았다. 놀란 친구가 그를 흔들며 소리쳤다.

"여보게, 눈 좀 떠 보게!"

하지만 쓰러진 친구는 미동이 없었다. 그의 코에 귀를 가까이 댔지만 숨소리가 들리지 않았다. 갑자기 숨을 거둔 친구로 인해 몹시 놀란 그는 행여나 누명을 쓰게 될까 두려워 관찰사인 정철을 찾아갔다.

"아뢰올 말씀이 있습니다."

"그래? 무엇인지 말해 보라."

정철은 당황하여 떨고 있는 그의 모습에서 그가 매우 어려움에 놓여 있음을 알 수 있었다.

"제가 친구와 공연한 일로 말다툼을 벌였는데, 갑자기 친구가 쓰러지더니 곧 죽고 말았습니다. 저는 결백합니다. 그런데 오해를 살까 두렵습니다. 대감께서 제가 억울한 누명을 쓰지 않도록 도와주시옵소서."

그는 이렇게 말하며 일의 자초지종을 털어놓았다. 사연을 들은 정철은 그에게 다음의 글귀를 써서 전해 주었다.

'독한 술이 곁에 있으나 마시지 않으면 취하지 않고, 썩은 노끈이 손에 있어도 당기지 않으면 끊어지지 않는다.'

글을 읽고 난 그가 깜짝 놀라서 말했다.

"대감, 대감께서는 어찌 저를 죽이려고 하십니까? 저는 잘못이 없습니다."

그가 사색이 되어 말하자 정철이 빙그레 웃더니 다시 글을 써 주었다.

'기름 없는 등잔불은 바람이 없어도 저절로 꺼지고, 동헌의 누런 밤은 서리가 안 내려도 가을이 되면 절로 떨어진다.'

글을 읽고 난 그는 크게 기뻐하며 말했다.

"대감, 대감께서 저의 목숨을 구해 주셨습니다. 감사하옵니다."

"죽을 때가 되어 죽었으니 그대는 죄가 없느니라."

정철의 냉철한 판단이 억울한 누명을 쓸 뻔한 백성을 구한 것이다.

085

뜻을 세웠으면 사사로운 정은 잊어 버려라

뜻을 세웠으면 사사로운 정은 잊어 버려라.
_안중근

안중근 (1879~1910)
독립운동가, 대한의군 참모중장, 특파독립대장,
삼흥학교 설립, 건국훈장 대한민국장 수훈
저서 《동양평화론》, 《안중근 자서전》 외

"뜻을 세웠으면 사사로운 정은 잊어 버려라."

애국지사 안중근의 이 말에는 이토 히로부미를 저격하여 조국의 한을 풀고 독립을 앞당기겠다는 굳은 의지가 서릿발처럼 흐르고 있다. 안중근은 31세라는 젊은 나이에 조국의 독립을 위해 형장의 이슬로 사라졌지만, 그의 애국심은 지금도 살아 숨쉬는 듯하다.

안중근은 조국의 독립을 위해 상해와 만주 벌판을 누비며 뜨거운 애국심을 가슴에 품고 하루하루에 최선을 다했다. 열악한 환경도 독립을 향한 열정으로 가득 찬 그에게는 문제되지 않았다. 다만 어머니가 못 견디게 그리웠을 뿐이다.

어느 추운 겨울날이었다. 그는 어머니가 너무도 보고싶어 기별도 없이 고향으로 찾아갔다. 어머니를 뵌다는 생각만으로도 그의 가슴은 설레었다.

'지금 어머니는 어떤 모습이실까. 내 손으로 모시지 못하는 이 불효를 어찌 다 씻을 수 있단 말인가. 어머니를 모시기 위해서라도 반드시 독립을 해야 한다.'

안중근은 길을 걸으면서도 어머니와 조국의 독립을 생각했다. 일본군의 감시로 통행에 어려움이 있었지만 꿈에 그리던 어머니를 뵌다는 생각에 그의 발걸음은 새털처럼 가벼웠다. 마침내 그는 집에 당도해 어머니를 불렀다.

"어머니. 저 왔습니다."

안중근은 어머니를 부르는 순간 목이 메었다. 어머니가 반갑게 맞아 주실 것을 생각하니 가슴이 설레었다. 그런 그의 기대와는 달리 어머니의 반응은 냉담했다.

"내 아들은 조국의 독립을 위해 집을 나가 그 뜻을 이루었다는 소식을 아직 듣지 못했는데 누가 나를 부른단 말이냐?"

안중근은 어머니의 냉정함에 잠시 서운한 마음이 들었으나 이내 어머니의 뜻을 알아차리고 속으로 생각했다.

'어머니 말씀이 백 번 옳다. 어머니 말씀대로 장부가 뜻을 세웠으면 그 일을 성공리에 마칠 때까지는 사사로운 것들은 모두 잊

고 오로지 그 뜻을 세우는 데만 전념해야 한다.'

그는 그리운 어머니를 뒤로하고 독립을 향해 발걸음을 옮겼다. 그에게 서운함이나 외로움은 없었다. 오히려 자신을 믿고 기도해 주실 어머니를 생각하니 힘이 났다.

부대로 돌아 온 그는 더욱 치밀하게 암살 계획을 세웠다. 조국의 원수인 이토 히로부미를 반드시 없애야 한다는 일념으로 그의 가슴은 불타올랐다.

암살 계획을 마친 그는 이토 히로부미가 온다는 하얼빈 역으로 향했다. 철통의 감시망을 뚫고 마침내 그는 조국의 원흉인 이토 히로부미를 단숨에 쓰러뜨렸다. 그 길로 잡혀 들어가 온갖 고문을 당하면서도 자신이 한 일에 대한 정당성은 절대로 굽히지 않았다.

취조하던 일본 형사도 그의 애국심 앞에 훗날 존경심을 표할 정도로 그는 곧고 강직했다. 안중근은 자신의 목숨보다 조국의 독립을 먼저 생각한 진정한 독립투사이다.

086
스승의 말은
곧 스승이다

스승의 말은 곧 스승이다.
반드시 스승의 말은 따라야 한다.
_이항복

(1556~1818) 이항복
호는 백사, 조선 중기 문신이자 학자
저서 《사례훈몽》, 《북천일록》, 《백사집》 외

    오성대감으로 널리 알려진 백사 이항복은 어린 시절부터 영민했을 뿐만 아니라 장난기가 넘쳤는데 그의 장난에는 해학이 넘쳤고, 지혜가 번뜩였다. 그는 임진왜란 때 도승지로서 선조를 의주까지 호위했으며, 전란 중에 병조판서가 되었다. 이후 이조판서에 올랐다가 정유재란이 일어나 병조판서를 맡았고 공을 인정받아 우의정을 거쳐 영의정에 올랐으며 오성군에 봉해졌다.

"스승의 말은 곧 스승이다. 반드시 스승의 말은 따라야 한다."

이항복의 스승이 남긴 말인데, 이항복은 이 말을 항상 가슴에 새겨 두고 떠올렸다. 이 말에 얽힌 일화이다.

어느 날 이항복이 집에서 쉬고 있는데 하인이 소리치며 말했다.

"대감마님, 스승님께서 오셨습니다!"

"뭐라, 스승님께서 오셨다고?"

이항복은 자리에서 일어나 버선발로 뛰어나가 스승을 맞았다.

"스승님, 어서 오십시오."

그의 스승은 초라한 모습을 하고 있었다. 이항복은 허리를 굽히며 정중하게 스승을 방으로 모셨다.

"스승님, 그동안 평안하셨는지요?"

"나는 잘 지내고 있소."

"스승님, 말씀을 놓으십시오."

이항복은 손대하는 스승 앞에서 몸 둘바를 몰랐다.

"영의정인 정승에게 내 어찌 말을 놓겠소."

그의 스승은 이렇게 말하며 빙그레 미소 지었다.

"아니옵니다, 스승님. 스승님께서는 어린 시절 저의 무지를 깨우쳐 주신 분이 아니십니까. 그런데 어찌 제게 존대를 하시는지요."

이항복은 이렇게 말하며 더욱 자세를 낮추었다.

"그때는 어린 개구쟁이였고, 지금은 정승이 아니오."

"아닙니다. 그렇지 않습니다. 저는 스승님의 제자일 뿐입니다."

이항복은 이렇게 말하며 스승을 극진히 모셨다. 다음 날 스승이 갈 차비를 하자 그는 면포 십여 단과 쌀 두 섬을 노자로 드렸다. 스승은 너무 많다며 받기를 주저하였다.

"스승님, 그냥 받아 주십시오."

"아닐세. 이것은 내가 받기에 너무 많네. 이것도 다 나라의 재산이 아닌가."

"아닙니다. 이것은 나라의 재산과는 무관한 것입니다."

"그러신가? 그래도 나는 쌀만 가지고 가겠네."

"스승님, 그냥 받아 주십시오. 그렇지 않으면 제가 부끄럽습니다."

"말로는 스승이라고 하면서 어찌 나의 뜻을 거역하려고 하시는가. 제자라면 내 말대로 하시게."

이항복은 스승의 말에 더 이상 권할 수가 없었다.

청렴한 스승을 두었기에 이항복 또한 검소하게 생활하여 청백리로 존경을 받았다. 스승의 위엄이 땅에 떨어진 지금, 우리는 이항복을 통해 스승을 향한 공경의 태도를 마음에 새겨야 할 것이다.

087
아침에는 소년 행을 노래하고, 저녁에는 동무 음을 짓는다

아침에는 소년 행을 노래하고,
저녁에는 동무 음을 짓는다.
_김종직

김종직(1431~1492)
조선 전기 문신이자 성리학자. 영남학파의 종조로 사림파 시조
저서 《점필재집》, 《유두유록》, 《청구풍아》, 《당후일기》, 《동문수》 외

"아침에 소년 행을 노래하고 저녁에는 동무 음을 짓는다."

조선 전기 문인이자 문신이며 성리학자인 김종직의 말이다. 젊은 날에는 의리를 중히 여겨 매사에 적극적으로 희망에 차 있지만, 점차 나이 들어가면서는 적극적인 모습과 희망은 없고 인생무상을 느껴 평범하게 변해 감을 뜻한다.

김종직은 늘 적극적인 자세로 학문 연구에 힘쓴 학자였다. 그는 정몽주에서 길재로, 길재에서 그의 아버지인 김숙자에게 이어진 학풍을 이어받아 크게 발전시킴으로써 영남학파의 종조가 되었으며 사림파의 시조가 되었다. 그는 수많은 제자를 길러냈는데 대표적인 제자로 김굉필, 정여창, 김일손, 손중돈, 이복, 권오복, 남곤, 권경유, 남효은, 조위, 이원, 강희맹 등 일일이 셀 수 없을 정도로 많다. 조선 전기에서 중기로 내려오는 문신들 중 유명한 학자들은 대개 김종직의 학풍을 이어받은 제자들이라고 해도 과언이 아니다.

김종직을 따르는 제자들이 많았던 것은 그의 올곧은 정신과 뛰어난 학식, 학행의 일치 때문이다. 특히 학문과 행동이 일치한다는 데 많은 사람들이 존경심을 품고 가르침을 받기 위해 몰려들었다고 한다.

성종은 김종직의 학문의 출중함과 올 곧은 인품을 높이 샀다. 그의 말이라면 어떤 말도 받아들여 시행할 정도로 그를 신뢰했다. 김종직에 대한 성종의 믿음은 대단했다. 김종직이 신분과 집안 배경을 가리지 않고 인재를 등용할 것을 진언하자 성종은 그대로 시행했다. 면학 분위기의 장려를 권고하자 전국에 서원, 향교, 서당을 짓는 등 적극적으로 시행하였다. 면학 분위기를 위해 먼저 모범을 보여야 한다고 하자 성종은 경연에 자주 참여하였다. 성종은 김종직에게 금대金帶를 선물로 하사 하였고, 정치에 뜻을 접고 고향으로 내려간 그에게 세 번 씩이나 간청하여 조정으로 불러들이는 등 극진하게 대했다.

김종직은 옳고 그름에 정확했으며 의리와 믿음을 매우 중요하게 생각하였다. 그는 세조 앞에서도 전혀 주눅 드는 법이 없었다.

이에 대한 일화이다.

김종직은 1463년에 세조에게 불사佛事를 간언하다가 파직 당했다. 1464년에는 세조에게 음양오행 등의 잡학을 장려한다며 극구 반대하다 어려움을 겪기도 했다. 당시 신하로서는 가당치도 않은 일이라 강직하다 못해 무모해 보이기까지 하다.

그의 강직한 성품에 대한 또 다른 일화이다.

유자광이 경상도 관찰사로 있을 당시 소고대를 바라보고 내려와 학사루의 절경에 감탄하여 시를 짓고 그림을 그렸는데 시를 현판으로 만들어 학사루에 걸어놓았다. 마침 함양군수로 온 김종직이 학사루에 걸린 유자광의 현판을 떼어내 불태워 버리라고 명하자 이방은 관찰사가 쓴 현판이라 그대로 두는 것이 좋겠다고 말했다. 당시 김종직은 남이 장군을 역모를 꾸몄다고 모함하여 죽인 일로 유자광을 혐오하고 경멸했다. 김종직은 고매한 선비들의 현판 가운데 어찌 유자광 같은 간신의 작품이 걸릴 수 있느냐며 현판을 내려 불태워 버리라고 명령했다. 이 소문을 듣고 유자광은 분노했지만 김종직을 상대한다는 것이 상관인 그로서도 어려운 일이라 어쩌지 못하고 속만 태웠다고 한다.

김종직은 올 곧은 정신과 뛰어난 학문으로 언제나 한결 같은 모습을 보이며 당파를 떠나 많은 사람들로부터 존경 받은 현인이었다.

088
모험의 시험을 통과하지 않고서는 당신이 누구인지 알 수 없다

모험이 주는 시험을 통과하지 않고서는 당신이 누구인지,
당신과 주변 사람들과의 관계가 얼마나 견고한지 알 수 없다.
_조앤 K 롤링

(1965~현재)Joanne Kathlenn Rowling 조앤 K. 롤링
아동문학가
런던시 자유상(2012), 안데르센 문학상(2010) 수상
레종도뇌르 슈발리에 훈장 수훈(2009)
주요 작품 '해리 포터' 시리즈 외

판타지 동화 '해리포터' 시리즈를 통해 무명에서 일약 스타 작가가 된 조앤 롤링. 그녀의 '해리포터' 시리즈는 지금까지 무려 4억 5천만 부나 팔리는 경이적인 기록을 세웠다. 성경을 제외하고 소설과 아동 문학 및 모든 책을 통틀어 최고의 기록이라고 한다. '해리포터' 시리즈는 총 여덟 편의 영화로도 만들어졌는데 입장권 판매 수익이 무려 80억 달러나 된다고 한다.

그녀가 작가로 성공할 수 있었던 것은 최악의 순간에도 포기하지 않고 자신의 꿈을 현실로 만들었다는 데 있다. 조앤은 대학을 마치고 비서직으로 취직했으나 얼마 뒤 해고 당했다. 그녀가 소설 쓰는 데 빠져 일을 소홀히 했기 때문이다. 그 후 그녀는 맨체스터에 있는 상공회의소에서 근무하게 되었다. 이때 그녀에게 운명 같은 일이 찾아왔다. 퇴근 후 집으로 가는 길, 기차가 갑자기 멈추어 섰는데 불현 듯 해리 포터에 대한 아이디어가 떠오른 것이다. 그녀는 자신에게 떠오른 소재를 구체적인 얼개를 갖춰 이야기로 만들어 나갔다.

이후에도 시련은 계속되었는데, 어머니의 죽음과 실직으로 상심이 컸던 그녀는 결국 새로운 삶을 찾아 포르투갈로 떠났다. 그곳에서 그녀는 영어를 가르치며 해리 포터 이야기를 구체적으로 구상했다. 당시 포르투갈 TV의 방송국 기자와 사랑에 빠져 결혼을 했으나 잦은 불화로 결국, 3년 만에 이혼하고 딸과 같이 영국으로 돌아왔다. 조앤은 단칸방을 구해 정부가 주는 생활 보조금으로 근근이 생활하며 글을 쓰기 시작했다. 작업 공간이 마땅치 않아 동네 카페에서 글을 쓰기도 했다. 상황은 어려웠지만 그녀는 가족과 친구들의 격려에 힘입어 열심히 글을 썼다.

마침내 완성된 원고를 들고 열두 군데의 출판사를 찾아갔으나 그녀의 원고를 받아주는 곳은 단 한 군데도 없었다. 그녀는 실망하지 않았다. 뜻이 있는 곳에 길이 있듯, 꾸준히 타진한 끝에 그녀는 1996년 블룸스베리 출판사와 계약을 하게 되었다. 《해리포터와 마법사의 돌》이라는 제목으로 출시된 책은 얼마 지나지 않아 입소문이 퍼져 전 세계 출판사로부터 문의가 쇄도했다. 출간과 동시에 책은 날개가 돋친 듯이 팔려 나갔고 이후 시리즈들도 대박 행진을 이어 나갔다.

그녀는 어마어마한 부자가 되었으며 세계적인 명사가 되었다. 어려움 속에서도 자신의 상상력을 살려 최고의 베스트셀러 작가가 된 조앤. 오늘의 그녀를 만든 것은 어린 시절부터 길러온 무한한 상상력의 힘이었다. 상상력의 힘이 아무리 뛰어나도 고난을 이겨내지 못하면 어떤 결과도 얻지 못한다. 그녀는 자신의 성공에 대해 다음과 같이 말했다.

"모험이 주는 시험을 통과하지 않고서는 당신이 누구인지, 당신과 주변 사람들과의 관계가 얼마나 견고한지 알 수 없다."

삶의 모험을 경험하게 되면 자신의 존재에 대해 뚜렷이 알게 되고, 주변 사람들과의 관계가 명확해지며 삶을 긍정적으로 만들어 나갈 수 있음을 의미한다. 그녀는 모험을 통해 자신을 성장시키고 발전시켰으며 마침내 자신이 꿈꾸던 모습의 삶을 살게 되었다.

089
게임의 룰이 바뀔 때마다 큰 기회가 온다

게임의 룰이 바뀔 때마다 큰 기회가 온다.
_조지 소로스

조지 소로스 George Soros(1930~현재)
금융인, 소로스 펀드 매니지먼트 회장
저서 《유로의 미래를 말하다》, 《이기는 패러다임》 외

조지 소로스는 투자의 성공 비결을 묻는 사람들에게 늘 이렇게 말했다.

"게임의 룰이 바뀔 때마다 큰 기회가 온다."

소로스는 헝가리 출신 미국인으로 아메리칸 드림을 이룬 세계적인 금융인이다. 그가 존경받는 이유는 탁월한 투자자의 명성과 더불어 힘들게 번 돈을 아낌없이 사회에 환원했기 때문이다. 그는 1979년부터 지금까지 80억 달러가 넘는 돈을 인권과 복지 및 교육을 지원하는 데 기부하였다. 소로스는 사회의 책무를 다하는 금융인으로 유명하다.

다음은 그가 남긴 말에 대한 일화이다.

소로스는 1992년 영국 파운드화가 평가절하 될 것이라고 배팅을 한 뒤, 자신의 말을 실현시키기 위해 파운드화를 단기 투자 매입해 파운드화 가치를 20퍼센트나 떨어뜨렸다. 영국 중앙은행이 뒤늦게 외환시장에 개입했지만 대책 없이 떨어지는 파운드화를 잡기에는 역부족이었다.

이 일로 소로스는 2주일 만에 순이익 10억 달러를 벌어들이며 일약 헤지펀드의 귀재로 알려지기 시작했다. 이후 소로스는 2012년 아베노믹스로 엔화 가치가 하락할 것을 예측하고 엔화 공매도를 시작해 4개월 만에 12억 달러를 벌어들였다. 소로스는 상황에 따라 투자하는 데 탁월했고 시장을 보는 눈 또한 예리하고 정확했다.

소로스는 미국에 오기 전 힘들게 일해 모은 돈으로 런던 경제 대학에 입학해 미래를 개척해 나갔다. 어렵게 공부를 마친 그는 1956년 미국 F. M. Mayer사의 주식 중개인으로 근무를 시작하였다. 그는 투자 분석에 탁월한 역량을 보였다. 소로스는 1969년에 1만 달러로 투자회사 퀀텀펀드를 세웠다. 그 후 그는 자기만의 방식으로 투자해 20년 후 2,100만 달러의 자산을 가진 회사로 키워 냈다.

"시작하기 전부터 성공을 예측하라. 승자라면 어떤 게임을 하든 성공할 것이라는 기대를 갖고 시작한다."

저술가 데니스 웨이틀리의 말이다. 소로스는 데니스 웨이틀리의 말처럼 자신이 하는 일에 시작부터 성공할 것이라는 신념을 가졌다. 그의 신념에는 승자라면 어떤 게임을 하든 성공할 것이라는 믿음이 밑바탕에 깔려 있었다. 그는 자신의 신념을 실천한 끝에 비로소 뜻을 이루었다.

090

내가 국가를 위해
무엇을 할 수 있는지를 생각하라

국가가 나를 위해 무엇을 해 줄 수 있는 지를 묻지 말고
내가 국가를 위해 무엇을 할 수 있는지를 생각하라.
_존 F. 케네디

(1917~1963)John Fitzgerald Kennedy 존 F. 케네디
미국 제35대 대통령
저서 《용기 있는 사람들》, 《대통령이 된 기자》 외

    미국 최초로 40대에 대통령으로 당선 된 존 F. 케네디. 그는 어떤 주제에 대해서든지 토론하기를 좋아했으며 자신의 의견을 증명하는 데 열정을 다하는 모습으로 주변 사람들에게 강한 인상을 심어 주었다.

    케네디는 INS 통신원으로 UN 창설의 샌프란시스코 회의, 영국 총선거, 포츠담 회의를 취재 하는 등 활발하게 활동했다. 기자 생

활을 통해 정치에 관심을 갖게 된 그는 1947년 매사추세츠 주 하원의원을 시작으로 1953년 상원의원에 당선되어 공약을 최선을 다해 지켜 국민들의 지지를 얻는 데 성공했다. 그는 넘치는 열정과 번뜩이는 지성으로 민주당 대통령 후보로 선거에 출마해 44세의 젊은 나이로 대통령에 당선되었다.

케네디에게는 미국을 민주주의를 이끄는 세계 중심의 국가로 만들겠다는 포부가 있었다. 그의 꿈은 아이젠하워 정권의 침체된 정치에 염증을 느끼던 당시 청년들에게 적극적인 지지를 받았다.

그는 연설을 할 때 '존경하는 미국 국민 여러분', '우리 ~합시다'라는 말로 국민들을 집중시켰다. 그의 어법에는 국민들을 고무시키는 힘이 있었다. 그는 국민들에게 적극적으로 국가를 위해 헌신할 것을 주문하였다. 다음은 그의 유명한 연설 중 일부이다.

"국가가 나를 위해 무엇을 해 줄 수 있는지를 묻지 말고 내가 국가를 위해 무엇을 할 수 있는지를 생각하라."

대부분의 권력자들은 권력을 강력한 권한으로 여기고 국민들을 휘어잡기 위한 통치의 수단으로 삼았다. 반면 케네디는 권력이 아닌 국민의 감정과 이성에 호소했다. 그는 민주 정신으로 무장한 강하고 부드러운 리더십을 지닌 대통령이었다.

그가 젊은 나이에 대통령이 될 수 있었던 것은 끊임없는 도전과 조국을 생각하는 애국심 덕분이었다. 그의 가장 큰 장점은 식지 않은 열정, 영원한 청년 정신이었다. 케네디의 가슴에는 항상 두 가지 마음이 있었다. 하나는 어떤 상황이나 사람 앞에서도 두려워하지 않는 대범함이었고 다른 하나는 강물처럼 흐르는 부드러움이었다. 그는 상황에 따라 두 가지 마음을 적절하게 조화시키며 진가를 발휘하였다.

그는 뉴프런티어New Frontier정책을 바탕으로 냉전 해소에 적극 참여하여 미국을 세계 평화의 주축이 되게 하려 했으며, 1962년 카리브 해 해상 봉쇄에 따른 쿠바 내 소련기지의 강제 철거를 실행하며 소련과 부분적으로 핵실험 금지 조약을 맺고 미·소간의 해빙기를 이루는 데 성공했다.

그는 남미의 여러 나라와 진보를 위한 동맹을 결성하고, 평화 봉사단을 통해 후진국을 원조하며 세계 평화에 앞장섰다. 그는 자신이 세운 뜻을 이루기 위해 강경함과 온유함을 적절히 섞어 국민들을 설득한 명 연설가였고, 국민과 정치인들의 마음을 읽는 데 능통한 지혜로운 사람이었다. 인권 대통령이라고 불릴 만큼 흑인들의 인권에도 많은 관심을 기울였다. 불행히도 재위 2년 후 한 청년에 의해 암살을 당했지만 지금도 그는 미국 국민들의 사랑과 존경을 한 몸에 받았던 대통령으로 기억되고 있다.

091
한 번도 상처 받지 않은 것처럼 사랑하라

> 돈이 필요치 않은 것처럼 일하라.
> 한 번도 상처 받지 않은 것처럼 사랑하라.
> 그리고 아무도 보고 있지 않은 것처럼 춤춰라.
> _마크 트웨인

마크 트웨인 Mark Twain(1835~1910)
본명 사무엘 랭혼 클레멘스 Samuel Langhorne Clemens, 소설가
주요 작품 《톰 소여의 모험》, 《왕자와 거지》, 《허클베리 핀의 모험》 외

《톰 소여의 모험》, 《왕자와 거지》, 《허클베리 핀의 모험》으로 유명한 마크 트웨인. 그의 본명은 사무엘 랭혼 클레멘스이다. 마크 트웨인은 그의 필명으로 '배가 지나가기 안전하다'는 뜻을 담고 있다. 마크 트웨인은 일찍이 아버지를 잃고 열두 살에 인쇄소 견습공이 되었다. 그는 가난을 극복하기 위해 일을 하면서도 독서와 글쓰기에 깊은 관심을 가졌다.

마크 트웨인은 식자공으로 일하면서 자신이 쓴 글을 잡지에 투

고하였다. 글쓰기는 그에게 희망이었고 즐거움이었다. 그는 뉴욕, 필라델피아 등을 전전하며 인쇄공으로 일했다. 그러다 스물두 살에 미시시피 강의 수로 안내인이 되었다. 수로 안내인 일은 그가 작품을 쓰는 데 크게 영향을 끼쳤다. 그는 수로 안내인의 경험을 바탕으로 글을 써서 1867년 첫 단편집인 《캘리베러스군의 명물 뛰어오르는 개구리》을 출간하여 대중적인 인기를 끌었다. 1876년에는 그의 대표작 《톰 소여의 모험》을, 1882년에는 《왕자와 거지》를, 1884년에는 《허클베리 핀의 모험》을 출간하였다.

마크 트웨인은 작가로서 명성을 얻으며 많은 돈을 벌었다. 그는 발명에 많은 관심을 가지고 있었는데 작품으로 번 돈의 상당 부분을 발명하는 데 썼다. 그가 발명한 것으로는 유아를 위한 침대 부품, 증기 엔진 등 여러 가지가 있지만 수익성에 있어서는 별반 성과를 내지 못했다.

그는 출판사를 차려 운영하였고 그외에도 다양한 분야에 투자했으나 실패하는 바람에 재정적으로 많은 어려움을 겪어야 했다. 그럼에도 그는 특유의 긍정적인 마인드로 강연과 집필을 통해 어려움을 극복해 냈다.

마크 트웨인은 따뜻한 내면을 가진 사람이었다. 그는 헬렌켈러의 학비를 지원하기도 했고, 식민주의, 인종차별, 여성 차별 문제에 깊은 관심을 갖고 참여하였다. 그의 적극성은 낙관적인 성격의 영향도 있지만 어린 시절부터 가난한 현실에 내몰려 주변의 도움 없이 스스로 생계를 책임져야 하는 절박한 환경때문이었다.

그는 믿을 수 있는 사람은 자신밖에 없음을 깨닫고 살기 위해 악착같이 노력했다. 자수성가하는 사람들의 대부분은 자신을 믿고 최선을 다하는 삶을 견지했다.

마크 트웨인은 적극적인 삶의 자세를 견지함으로써 자칫 불행할 수 있는 자신의 환경을 밝고 능동적으로 받아들이면서 큰 성공을 거두었다. 삶과 사랑에 대한 그의 성찰이 담긴 말을 보자.

"돈이 필요치 않은 것처럼 일하라. 한 번도 상처 받지 않은 것처럼 사랑하라. 그리고 아무도 보고 있지 않은 것처럼 춤춰라."

그는 돈과 사랑에 대해 매우 낙관적이고, 긍정적이었다. 자신이 하고 싶은 것은 누구의 눈치도 보지 말고 생각이 시키는 대로 하라는 이 말에는 마크 트웨인의 긍정적인 신념이 담겨 있다. 그가 작품의 제목에 '모험'이라는 단어를 여러 차례 사용한 것도 그의 도전 정신에서 비롯되었을 것이다. 그는 자신이 가야할 길을 당당하게 걸어간 선각자였다.

092
프랑스는 300미터 높이의 돛대에 기를 단 유일한 국가다

프랑스는 300미터 높이의 돛대에
기를 단 유일한 국가다.
_구스타브 에펠

(1832~1923) Gustave Eiffel 구스타브 에펠
건축가, 도루강 철도교 가설(1977), 에펠탑 건설(1889)

    프랑스의 랜드 마크이자 전 세계적인 건축물로 유명한 에펠탑을 건축한 구스타브 에펠. 에펠탑을 그의 이름에서 따와서 인지 사람들은 에펠탑과 그를 동일시한다. 에펠은 평범한 것들을 다르게 보고 비틀어서 보았던 건축가였다. 그에게는 예술가적 상상력과 독특한 개성이 있었다. 그래서인지 건축물도 그의 기질이 반영되어 독특한 세계를 담고 있다. 에펠이 에펠탑을 세울 때의 이야기이다.

1889년 프랑스 정부는 만국박람회를 기념하기 위해 파리 마르스 광장에 기념 조형물을 설치할 계획으로 설계도를 공모하였다. 많은 건축가들이 공모에 응모하였다. 공모전에서 당선되면 건축가로서의 입지가 탄탄해지는 것은 물론 경제적인 부를 쌓을 수 있는 절호의 기회였기 때문이다. 심사 결과 에펠의 설계가 1위를 차지하게 되었다.

　이때 문제가 생겼다. 그의 철골 설계를 반대하는 여론이 형성된 것이다. 작곡가인 샤를로 구노, 작가인 에밀졸라, 르콩트 드릴, 기드 모파상, 알렉산드르 뒤마 등 많은 이들이 반대에 나섰다. 철골 탑은 격조가 떨어져 예술 도시인 파리의 위상을 크게 추락시킨다는 이유에서였다.

　에펠의 생각은 달랐다. 에펠은 그들이야말로 무엇이 진짜 중요한지 모르는 무식한 사람들이라고 생각했다. 에펠은 자신의 설계를 건축의 '건'자도 모르는 사람들이 왈가왈부하는 것을 불쾌해 했다. 그는 자신의 설계야말로 프랑스의 명물이 되어 전 세계적으로 돌풍을 일으킬 것이라고 적극 주장하며 사람들을 설득해 나갔다.

　에펠의 주장은 사람들에게 확신을 심어 주기에 충분했고 프랑스 정부는 결국 에펠의 설계대로 시공했다. 에펠탑은 건축한지 2년 만에 완공되었다. 높이 300미터의 탑이 도시 한 가운데 우뚝 서자 파리 시민들은 열광하였다. 세계 어디에서도 볼 수 없는 위대한 건축물이라며 도시는 축제의 분위기에 휩싸였다. 에펠은 열광하는 파리 시민들을 바라보며 크게 감격하였다. 그는 에펠탑 완공에 대한 소감을 다음과 같이 밝혔다.

"프랑스는 300미터 높이의 돛대에 기를 단 유일한 국가다."

에펠의 말에서 건축가로서 긍지와 자부심이 느껴진다. 그의 말처럼 전 세계에 에펠탑을 능가하는 탑은 어디에도 없다. 에펠탑은 매년 8천만 명 이상의 관광객이 찾아오는 명소 중의 명소이다. 단일 건축물인 에펠탑을 보기 위해 그처럼 많은 이들이 찾아오리라고는 에펠도 예측하지 못했을 것이다. 에펠은 건축가로서의 신념과 의지를 지키며 파리 한복판에 자신의 분신과도 같은 에펠탑을 세워 세계 건축사에 길이 남는 인물이 되었다.

에펠은 확고한 자기만의 생각으로 성공을 이루었다. 기존의 가치와 차별화되는 것을 추구한다는 점에서 그는 혁신이라는 단어와도 무척 잘 어울리는 사람이었다.

에펠탑의 뜻밖의 성공에 건설을 반대했던 이들은 코가 납작해졌을 것이며 에펠은 내심 뿌듯했을 것이다. 같은 문제를 놓고도 사람들의 생각이 다른 이유는 관점과 의식이 서로 다르기 때문이다. 에펠은 남과 다른 관점으로 자신의 삶을 추구한 결과 프랑스 건축사에서 군계일학과 같은 인물이 되었다.

093
가능성을 열어 두면 문제를 의심 없이 들여다보게 된다

모든 가능성을 열어 두면 문제를 의심 없이 들여다보게 되고,
계속해서 여러 정보들을 통해 함께 해법을 찾아갈 수 있다.
_ 잭 웰치

잭 웰치 | John Frances Welch Jr(1935~현재)
제너럴 일렉트릭 CEO 역임
저서 《성공하는 리더의 필요충분조건》, 《잭 웰치 승자의 조건》 외

미국 제너럴 일렉트릭의 최고 경영자를 역임한 잭 웰치를 사람들은 '세기의 경영인'이라고 일컫는다. 이 말은 미국의 경제전문 잡지인 〈포춘〉에서 잭 웰치를 세기의 경영인이라고 지칭한 데서 유래되었다. 대부분의 미국 국민들은 잭 웰치의 경영 능력을 인정하며 세기의 경영인이라는 평가에 대해서도 깊이 공감한다. 그가 제너럴 일렉트릭사의 최연소 최고 경영자가 된 것만 보더라도

이 말은 결코 과장된 말이 아님을 알 수 있다.

잭 웰치가 뛰어난 경영인이 될 수 있었던 것은 그가 인재 육성과 교류에 힘썼기 때문이다. 사람을 잘 쓰는 것은 경영자의 능력이다. 역사의 위대한 인물들은 하나같이 인재 관리에 뛰어났다. 잭 월치는 자신의 경영 방침을 뒷받침할 인재 양성에 공을 들였는데 직원들뿐만 아니라 경영진들에게도 교육을 실시하였다. 경영진의 사고가 자유롭지 못하면 경영에 어려움이 따를 것이라 생각했기 때문이다.

잭 웰치는 인사 결정에 있어 조직 문화에 적합한 사람인지 아닌지를 매우 중요하게 생각했다. 조직 문화가 잘 유지 되려면 구성원들의 적응이 무엇보다 중요하다. 개인적으로 능력이 뛰어나도 조직에 적응하지 못하면 조직을 와해시킬 수 있기 때문이다. 잭 웰치는 조직이 건재하려면 구성원들의 합이 중요하다는 것을 깨닫고 조직 문화에 합한 사람인지 고려하여 채용했다.

잭 웰치는 자신의 생각을 실천하는데 장애가 되는 관료주의나 낡은 경영방식은 과감하게 몰아냈다. 대신 진보적이고 새로운 방식을 도입해 자신만의 경영 방식을 만들어 나갔다. 마침내 그의 경영은 제너럴 일렉트릭을 성장시키는 데 성공했고 이전의 모습과는 다른 기업으로 발전하게 되었다. 그가 20년 동안 최고 경영자로 재임한 것만 보더라도 그의 능력이 얼마나 출중한지 알 수 있다.

머릿속에 아무리 좋은 생각이 있어도 실천하지 않으면 그림의 떡이나 마찬가지다. 대부분의 사람들은 그럴듯한 생각만하고 그것을 현실로 이끌어 내려는 노력이 부족해 성공하지 못한다. 잭 웰치는 자신의 생각을 실천으로 옮기는 데 망설임이 없었고 적극적인 자세로 자신의 미래를 설계했다.

잭 웰치의 생각은 그가 단행한 인사 정책에서도 드러난다. 그가 인사에 있어 중요하게 생각한 일곱 가지의 원칙이 있다.

첫째, 어떤 분야에서 뛰어난 인재인지 파악한다.

둘째, 인재와 직무의 조화에 역점을 둔다.

셋째, 여러 후보 중에 선택함으로써 인사 정책에 소모되는 시간을 줄인다.

넷째, 인사 결정에 충분한 시간을 둔다.

다섯째, 자신보다 나은 사람들과 교류의 관계를 본다.

여섯째, 각 개인의 특징을 관찰한다.

일곱째, 신뢰할 수 있는 사람인가를 파악한다.

나열된 조건만 보아도 그의 치밀함과 계획성을 알 수 있다. 그는 한 가지 문제를 해결하는 데도 다양한 관점으로 살피며 방법을 모색했다.

"모든 가능성을 열어 두면 문제를 의심 없이 들여다보게 되고, 계속해서 여러 정보들을 통해 함께 해법을 찾아갈 수 있다."

다양한 관점을 중요하게 생각한 잭 웰치다운 말이다. 그는 어떤 문제든 다각도로 생각하여 결정을 내렸고, 내려진 결정에 대해서는 치밀하게 실행함으로써 성공한 경영인이 되었다.

094
인간은 존재 자체로서 존경해야 한다

인간은 직위가 아니라
존재, 그 자체로서 존경해야한다.
_ 허브 켈러허

(1931~현재)Herb Kelleher 허브 켈러허
미국 사우스웨스트 항공사 창립자, 사우스웨스트 CEO 역임

"인간은 직위가 아니라 존재, 그 자체로서 존경해야 한다."
 미국 사우스웨스트 항공사의 창립자이자 CEO을 지낸 허브 켈러허의 말이다. 그는 자신의 말처럼 사람의 존재 자체를 중요하게 생각한다. 회사의 임원은 물론 말단 직원에 이르기까지 그는 편차를 두지 않고 대한다.
 그는 직위. 학력, 혈연, 지연 등에 연연해 하지 않는다. 공정함

과 인격의 존중을 기업 경영의 원칙으로 삼고 있다. 그의 열린 경영 방식은 임직원들에게 깊은 감명을 주었고 자신을 아끼고 존중하는 경영자와 회사를 위해 열정을 바치는 것으로 화답했다. 그 덕에 사우스웨스트 항공사는 뛰어난 실적을 올리며 성공 가도를 달릴 수 있었다. 그의 경영 방침이 알려지자 타 항공사를 비롯한 기업들과 국민들도 깊이 감동했다.

허브 켈러허의 사람을 먼저 생각하는 경영 방식은 색다른 기업 문화를 창조하였다. 사우스웨스트 항공사의 직원들은 복장이 자유로우며 주기적으로 파티를 열기도 한다. 승무원들은 밝고 유머를 즐기는 자세로 승객들을 편안하게 해준다. 승무원들은 승객들에게 안전수칙을 알릴 때도 스탠드업 코미디를 활용해 재미를 주고 있다.

허브 켈러허는 임직원들의 경직된 사고와 자세를 풀어줌으로써 긴장감을 완화시키고, 그들이 창의적으로 업무에 임할 수 있도록 적극 지원하였다. 열린 마음과 혁신의 사고가 있기에 가능한 일이다. 상식적으로 납득하기 힘든 부분도 있고 자율성을 지나치게 강조하다 보면 마음이 느슨해질 수도 있다. 그럼에도 허브 켈러허는 직원들을 믿고 맡겼다. 자신을 믿어 주는 경영자를 곤경에 빠트릴 직원은 없다는 생각에서였다.

허브 켈러허가 성공할 수 있었던 것은 자신의 신념을 믿고 임직원들을 인격적으로 대하며 그들을 신뢰했기 때문이다. 권위적인 회사는 겉으로는 체계적이고 잘 돌아가는 것처럼 보이지만 막상 위기가 닥치면 침체되기 쉽다. 유연한 사고가 훈련되지 않았고 위기 대처 능력이 떨어지기 때문이다. 반면 자유분방한 기업은 겉으로는 느슨해 보이지만 위기의 순간에 창의력과 기지를 발휘하는 데 탁월하다.

그의 최대의 장점은 사람의 마음을 읽어 내는 능력이다. 사람의 마음을 읽을 줄 아는 사람은 절대로 상대를 곤경에 빠뜨리지 않는다. 오히려 상대가 자신에게 협조하고 다가오도록 만든다. 리더가 갖추어야 할 제일의 덕목은 사람의 마음을 읽는 능력이다.

유비가 천하제일의 지략가인 제갈량과 관우, 장비를 자신의 곁에 두고 나라를 세우며 황제에 오른 것은 사람의 마음을 얻었기에 가능한 일이었다. 허브 켈러허와 유비는 사람의 마음을 읽는 능력이 탁월한 리더라는 공통점이 있다.

뛰어난 리더 한 명이 수천 수만 명을 먹여 살린다는 말이 있다. 남의 밥그릇에 밥을 담아주며 먹고 사는 문제를 해결해 주는 사람이야말로 진정한 리더이자 난사람이다. 허브 켈러허는 난사람이지만 '된 사람'에 더 가깝다. 사람을 인격적으로 대하는 것만큼 인간다운 것은 세상에 없다. 그는 사람을 위하고 사람을 먼저 생각한 리더이자 참사람이다.

095
태양을 바라보고 살아라

태양을 바라보고 살아라.
너의 그림자를 못 보리라.
_ 헬렌 켈러

헬렌 켈러 Helen Adams Keller(1880 -1968)
교육자, 사회주의 운동가, 작가
프랑스 레지옹도뇌르 훈장 수훈(1952), 자유의 메달(1964)
저서 《사흘만 볼 수 있다면》, 《나의 스승 설리번》 외

    사회주의 운동가이자 교육자로 열정적인 삶을 살았던 헬렌 켈러. 그녀는 사람들에게 귀감이 되는 성공적인 인생을 살았던 철의 여인이다. 장애 때문에 정상적인 사람보다 몇 배, 몇 십 배는 더 노력하며 겪었던 고충은 말로 다할 수 없을 정도이다. 그럼에도 그녀는 자신의 꿈을 위해 도전을 멈추지 않았다. 도전을 멈추는 순간 자신의 꿈은 물거품이 될 것이라 생각했기 때문이다.

헬렌 켈러는 정상적으로 태어났지만 심한 열병으로 시력과 청력을 잃어버렸고 말도 할 수 없었다. 한 사람이 감당하기에는 천형과도 같았고 운명으로 간주하기에는 너무나 가혹했다. 그녀의 부모님은 절망감에 사로잡혔지만 방법을 찾기 시작했다. 그녀의 어머니는 찰스 딕슨이 쓴 시청각 장애를 극복한 장애인 로라 브릿맨의 이야기가 담긴 책을 읽고 희망을 가졌다. 그녀의 어머니는 딸에게 희망을 주기 위해 많은 사람들을 만났고 조언을 들으며 그대로 실천하였다. 어머니의 노력에 하늘이 감동한 것인지 헬렌 켈러는 그녀의 운명을 바꾸어 놓을 앤 설리번을 가정교사로 맞이하게 되었다.

앤 설리번 역시 어려운 환경 속에서 자랐다. 시력이 극도로 좋지 않았던 그녀는 수술을 통해 시력을 되찾았고 그 후 열심히 공부하면서 자신의 꿈을 찾아 나갔다. 그러던 중 헬렌 켈러와 인연이 닿아 가르치게 된 것이다. 설리번과 헬렌 켈러는 서로에게 운명적인 대상이었다.

처음부터 설리번은 헬렌 켈러를 위해 존재하는 사람 같았다. 헬렌 켈러는 설리번으로부터 철저하게 교육을 받았다. 헬렌 켈러나 설리번에게는 정상인들보다 몇 배의 인내심이 요구 되었다. 설리번은 헬렌 켈러에게 단어 하나를 가르치기 위해 다양한 방법을 사용했다. 후각을 이용하기도 하고 손바닥에 글씨도 써주었다. 설리번의 학습법은 매우 효과적이었다. 헬렌 켈러는 단어를 익히고 의미를 익혀 나가는 데 흥미를 보였다. 두 사람의 노력 끝에 헬렌 켈러는 펄킨스 시각장애 학교에 입학하여 공부하게 되고 이후 뉴욕으로 이사하여 폭넓은 공부를 하며 케임브리지 학교를 거쳐 레드클리프대학교에 입학하여 좋은 성적으로 졸업하였다.

그녀는 자신의 장애를 문제 삼지 않고 사회 문제에 적극 개입했다. 특히 장애인들의 인권과 입장을 대변하며 그들이 사회로부터 외면 받지 않도록 힘썼다. 여성들의 참정권을 주장하며 그들의 자유와 평화를 위해 노력하였다. 그녀는 조지 케슬러와 함께 헬렌 켈러 인터내셔널이라는 단체를 설립하여 비전과 건강, 영양을 연구했으며, 미국 자유 인권 협회를 설립하는 데 중추적 역할을 하였다.

그녀는 자서전을 비롯한 다양한 책들을 출간함으로써 작가로서의 입지도 넓혀 나갔다. 그녀는 저작 활동을 통해 많은 사람들에게 자신의 이름을 알렸다.

헬렌 켈러는 사람들에게 긍정적이고 희망적인 삶을 이야기했다. 전쟁을 반대했고, 이주 노동자들의 인권을 보호했으며 인종 차별 정책에 적극 대응하여 인권 운동가로서의 역할을 훌륭히 해냈다. 그녀는 자신의 장애를 극복한 것에 대해 이렇게 말했다.

"태양을 바라보고 살아라. 너의 그림자를 못 보리라."

장애가 아닌 꿈을 보며 노력한 끝에 그녀는 꿈같던 일들을 해내며 성공적인 인생을 일구었다. 그녀는 인간의 위대함을 온몸으로 보여 준 희망 그 자체였다.

096
남에게 해를 끼치는 일을 할 수 없다

우리에게는 덕을 베풀어야 하는 의무가 있고,
천주님은 사람을 사랑하기를 원하심으로
남에게 해를 끼치는 일을 할 수 없다.
_김대건

(1822~1846) 김대건
천주교 신부, 1984년 103인의 성인으로 선포

우리나라 최초의 신부이자 순교자로 널리 알려진 김대건. 그는 1925년 교황 피우스 11세에 의해 복자위에 올랐고, 1984년에는 103인의 성인에 이름을 올렸다. 순교는 하나님에 대한 자신의 믿음을 증명하는 일이기 때문에 아무나 할 수 없는 일로 성직자 혹은 신자에게는 매우 신성하게 여겨지는 일이다.

김대건 신부는 충남 당진에서 태어났다. 그의 할아버지는 천주교 신자로서 박해를 받다 고문으로 옥중에서 순교하였다. 그의 아버지 역시 독실한 신자로 순교하였다. 김대건은 집안의 영향으로 일찌감치 믿음 생활을 하며 신부로서의 자질을 키웠다. 그러던 중 조선인 신부 양성을 위한 정책에 따라 최양업과 함께 선택되어 그는 모방 신부로부터 라틴어를 배우며 성직자의 기본 소양을 교육 받았다. 이후 마카오로 보내져 교육을 받으며 중국 상하이에서 페레올 주교로부터 사제서품을 받고 정식 사제가 되었다. 한국인으로서는 최초로 사제가 된 것이다. 그는 페레올 주교와 함께 조국으로 돌아와 선교 활동을 펼치던 중 1846년, 메스트르 신부의 입국을 위해 애쓰다 체포되었다.

"우리에게는 덕을 베풀어야 하는 의무가 있고, 천주님은 사람을 사랑하기를 원하심으로 남에게 해를 끼치는 일을 할 수 없다."

김대건 신부가 황해도 감사로부터 심문을 받는 자리에서 한 말로 관련된 일화가 있다. 황해 감사가 김대건 신부에게 말했다.

"그대는 죽는 것이 두렵지 않으냐!"

"사람은 한 번 태어나면 반드시 죽는 것이거늘 무엇이 두려울 것인가. 더구나 천주님을 위해 이 한 목숨 바치는 것은 영광스럽고 은혜로운 일이므로 나는 죽는 것이 두렵지 않다."

"그래? 네 기개는 장하다만 막상 죽음이 임박하면 네 생각도 변할 것이다."

감사는 그를 지그시 바라보며 말했다.

"그런 소리 마라. 나는 잡힐 때부터 이미 죽을 준비를 하고 있었다. 그러니 그런 말 따위로 나를 시험하지 마라."

김대건 신부는 단호하게 말했다. 그러자 군관이 와서 그에게 말했다.

"감사께 말씀을 올릴 때에는 소인이라고 하시오."

"그것이 무슨 말이냐! 나는 대인이고 양반이다. 나는 그런 말투를 모른다."

황해 감사는 조서를 꾸며 김대건 신부를 서울로 압송하였고 서울로 온 김대건 신부는 다시 취조를 받았다.

"어명을 받들어 말하노니 지금이라도 네가 믿는 신을 멀리하라."

"그럴 수는 없다. 왕도 천주님의 아래에 있으니 나는 오직 천주님만 받들 것이다."

"네 이놈, 무엄하고 발칙하구나. 그렇다면 믿는 자들의 이름과 주소를 말하라."

"그 또한 나는 말할 수 없다. 그냥 나를 어서 죽이거라."

"지독한 놈이로구나. 너는 형장의 이슬로 사라질 것이다."

김대건은 취조를 받으면서도 한 점의 흐트러짐도 보이지 않았고, 믿음의 신념을 굳게 한 채 새남터에서 순교하였다. 김대건 신부는 목숨을 초개 같이 버림으로써 우리나라 천주교의 역사적 인물이 되었으며, 103인의 성인에 올랐다. 신념을 지키기 위해 죽을 수 있다는 것은 아무나 할 수 없는 일이다. 그의 순교는 지금도 천주교 역사의 귀감으로 이어져 내려오고 있다.

097
천사는 가난하고 어려운 사람을 위해 싸우는 존재이다

천사는 아름다운 꽃을 주는 것이 아니라,
가난하고 어려운 사람을 위해 싸우는 존재이다.
_플로렌스 나이팅게일

플로렌스 나이팅게일 Florence Nightingale(1820~1910)
런던 숙녀병원 간호부 부장, 이스탄불 위스퀴다르 야전병원 원장

크림전쟁 당시 스쿠타리의 야전병원에서 죽음을 무릅쓴 헌신적인 간호로 '백의의 천사'라는 별칭을 얻은 나이팅게일. 그녀는 '간호사란 무엇을 위해 사는가?'라는 물음의 해답이라고 할 수 있을 정도로 간호에 평생을 바쳤다. 간호는 생명의 존엄성과 인간에 대한 사랑이 없으면 절대로 할 수 없는 일이다. 그녀는 타고난 박애주의자였다.

영국의 부유한 가정에서 태어난 그녀는 프랑스어, 라틴어, 지리학 등 다양한 분야를 배우며 꿈을 키워 나갔다. 그녀가 간호학에 관심을 갖게 된 계기는 열악한 간호 환경을 목격하고 나서였다. 그녀의 부모는 안정적인 직업을 갖기 바랐지만 그녀는 사람의 생명을 중요히 여겨 간호학에 관심을 갖고 공부하였다. 그녀의 부모도 그녀의 신념을 꺾을 수는 없었다. 그녀는 독일 카이저벨트의 프로테스탄트 학교에서 간호학을 공부하고 런던여성병원의 간호부장으로 일했다.

간호사는 돈만보고 일하거나 좋은 직업이라 여겨 선택하는 직업이 아니다. 간호사는 인간에 대한 존중과 사명감이 없으면 할 수 없는 일이다. 그만큼 힘들고 어려운 일이 간호사이다. 나이팅게일은 전쟁이 끝난 후에도 간호사 일을 계속하였다. 그러던 중 그녀는 잘못된 간호 행정 체계와 간호학에 관심을 기울여 간호학에 대한 책을 쓰고, 관리들을 설득하여 병원 질서를 체계화하였고 덕분에 환자의 사망률은 42퍼센트에서 2퍼센트로 떨어지는 성과를 거두었다.

1860년에는 나이팅게일의 업적을 기념하기 위해 영국 국민들이 기부한 4만 5천 파운드로 토마스 병원에 세계 최초로 나이팅게일 간호학교를 설립하여 간호사를 양성하였다. 간호사를 전문 직업으로 인식시키는 데 성공한 것이다. 그 후로도 그녀는 간호 시설을 확충하는 데 심혈을 기울여 많은 결실을 맺었다. 미국의 남북전쟁과 프로이센과 프랑스와의 전쟁 때도 영국의 고문으로 활약하여 큰 성과를 이뤘다.

나이팅게일은 단순한 간호사가 아니다. 그녀는 간호학에 관한 유능한 행정가이며 기획자였다. 자신이 원하는 것은 협상을 통해 얻어 내는 발군의 순발력을 지닌 협상가였다. 그녀는 1907년 영국의 에드워드 7세로부터 업적을 인정받아 여성으로는 최초로 공로훈장을 수훈하였다. 세계적십자는 나이팅게일상을 만들어 그녀의 업적을 길이 전하고 있다.

"인생은 투쟁이고 부정과의 싸움이다."

나이팅게일이 한 말이다. 그녀의 말에서 보듯 그녀가 걸어 온 길은 전쟁과 환자들을 위한 투쟁이었으며, 부조리한 현실과의 투쟁이었다.

"천사는 아름다운 꽃을 주는 것이 아니라 가난하고 어려운 사람을 위해 싸우는 존재이다."

그녀는 천사의 존재를 가난하고 억압 당하는 사람들을 위해 싸우는 존재로 인식하고 평생을 바쳤다. 흔히 나이팅게일하면 백합처럼 순결한 간호사의 이미지를 많이 떠올리는데 실제 그녀는 사회주의 운동의 투사와 같은 삶을 살아왔다. 그녀는 간호사로서의 사명감과 막중한 책임감을 짊어진 채 평생을 살았다. 오늘날 간호학이 발달하고 간호사라는 직업이 인정받는 것은 나이팅게일의 헌신 덕분이다. 그녀는 간호학의 상징이며 자유와 평화의 기수이다.

098
일에 있어서 간사함을 꾀하지 말며, 남을 대하는 데 있어 경건한 **태도**를 가져야 한다

무릇 일에 있어서 간사함을 꾀하지 말며,
남을 대하는 데 있어 경건한 태도를 가져야 한다.
이 두 구절을 잊어서는 안 된다.
_ 율곡 이이

(1536~1584) 율곡 이이
조선시대 문인
저서 《격몽요결》, 《성학집요》, 《경연일기》 외

　　조선시대의 성리학자이자 교육자였던 율곡 이이. 그는 학문이 출중하여 아홉 차례나 과거에 장원급제하여 구도장원공이라는 별칭을 얻었다. 그만큼 학문적으로 뛰어났던 인물이다. 그는 벼슬길에 올라 호조좌랑, 홍문관 교리, 대사헌, 호조판서, 우찬성, 병조판서를 지냈다. 사후 영의정에 추증되었다.

　　이이는 어린 시절부터 어머니 신사임당의 가르침으로 학문 수행에 힘썼는데 올곧은 마음으로 사물의 이치와 일의 옳고 그름을 분별하는 능력이 뛰어났다. 그는 어머니가 죽자 3년 동안 시묘 살이를 하고 중이 되었다가 환속하여 학문 증진에 힘썼다. 이후 과거에 급제하여 벼슬길에 올랐다.

그는 나라 일을 하면서도 학문에 힘썼으며 대학자였던 퇴계 이황과 서신을 주고받으며 자신의 생각을 전하고 답변을 듣는 등 학자로서의 품위를 잃지 않았다.

이이는 겉치레에 따른 허례허식을 배격하여 동료나 선배, 원로대신들로부터 미움을 사기도 했다. 그는 원로대신 허엽과 이준경으로부터 예절의 근본도 모르는 인간이라고 질타 받기도 했다.

그는 워낙 몸과 마음이 바르고 성품이 올곧았는데 평소 이이를 눈여겨 본 선조는 그를 신뢰하여 수시로 그를 불러들여 자문을 구했다. 다음은 선조와 이이 간에 있었던 이야기이다.

선조는 인재를 등용함에 있어 그의 친구인 성혼의 됨됨이에 대해 물었다. 이때 이이는 학문의 노력은 자신보다 뛰어나지만 나라 일을 보는 그릇이 못 된다고 말했다. 이이는 성혼과 매우 가까운 친구였음에도 자신의 생각을 기탄없이 말했다.

어느 날은 선조가 그에게 물었다.

"경은 짐을 어떻게 생각하는지 말해 보라."

그는 한치의 망설임도 없이 대답했다.

"전하께서는 선한 의지를 가지고 계시니 학문 연구에 더욱 힘쓰시면 현주가 되실 수 있습니다."

선조가 인재 등용에 자문을 구하며 물었다.

"인재를 등용함에 있어 어떤 자를 등용하는 것이 좋은지 말해 보라."

"전하에 충성하는 이보다는 자신의 일에 충성하는 자를 등용하십시오. 전하께 충성을 다짐하는 자는 전하를 배신할 가능성이 많지만, 자신의 일에 충성하는 자는 결코 전하를 배신하지 않을 것입니다."

그는 왕 앞에서도 자신의 신념대로 행동했다. 선조는 이이의 강직함을 믿었고 신임했다. 이이는 자신의 생각을 펼침에 있어서는 왕도 어려워하지 않았다. 그는 자신의 생각에 한 점의 부끄러움도 없었다. 자신의 생각에 거짓됨이 없는 자만이 당당하게 자신의 주장을 내세울 수 있음을 그를 통해 알 수 있다.

이이는 왜적의 침략에 대비하여 10만양병설을 주장한 것으로도 유명하다. 그의 주장에 동인들은 터무니없는 일이라며 비판을 가했으나 그는 주장을 굽히지 않았다. 그 후 그의 말대로 왜적이 쳐들어 왔고 선조가 의주로 도피하는 참혹한 일이 벌어졌다.

이이는 양반에게도 군역을 부과하며 병력 증강을 위해 불필요한 관직 수를 줄이고, 현재 관직을 맡지 않은 자에게는 품계를 회수할 것을 주장하였다가 양반들로부터 심한 반발을 사며 눈엣가시가 되었다. 그럼에도 그는 자신이 옳다고 생각하는 일에는 조금도 주장을 굽히지 않았다.

"무릇 일에 있어서 간사함을 꾀하지 말며, 남을 대하는 데 있어 경건한 태도를 가져야 한다. 이 두 구절을 잊어서는 안 된다."

이이의 됨됨이가 드러난 말이다. 그의 말에서 보듯 그는 제자들과 사람들에게 경건한 몸과 마음을 가짐으로써 간사함을 멀리하라고 했다. 그는 평생을 정직과 신의로 일관한 문인이요 학자였다.

099
목표를 설정하고 매진하면 손해 보지 않는다

내 삶의 철학은 이렇다. 인생에서 이루고자 하는 바에 대해 결심을 굳히고
그런 다음 그 목표를 향해 매진하면 손해 보지 않는다. 어떻게든 성공하니까 말이다.
_로날드 레이건

(1911~2004)Ronald Wilson Reagan **로날드 레이건**
미국 제40대 대통령

"내 삶의 철학은 이렇다. 인생에서 이루고자 하는 바에 대해 결심을 굳히고 그런 다음 그 목표를 향해 매진하면 손해 보지 않는다. 어떻게든 성공하니까 말이다."

제40대 미국 대통령을 역임한 로날드 레이건. 그는 강경한 보수주의자로 알려져 있다. 그는 2011년 갤럽의 여론 조사에서 미국의 역대 대통령 중 미국인이 생각하는 가장 위대한 대통령으로

선정되기도 했다. 그가 링컨을 2위로 밀어내고 1위로 선정된 것은 그만큼 미국인들의 기억 속에 그가 깊이 자리하고 있다는 것을 의미한다. 어떤 점이 그를 가장 위대한 대통령으로 만들었을까.

레이건의 이력은 사람들의 관심을 끌기에 충분하다. 그는 유레카대학을 졸업하고 아이오와에서 라디오 방송국 아나운서가 되어 일했다. 그 후 그는 캘리포니아 로스앤젤레스로 이주하여 영화배우가 되었다.

영화배우로서는 크게 주목받지 못했지만, 그는 영화배우들의 권익 보호를 위해 1947년 미국노동총연맹 산하 영화배우협회장 선거에 입후보해 회장으로 선출되었다. 그 후 그는 영화배우들의 권익을 위해 힘써 일했다. 비록 영화배우로 성공하지는 못했으나 관리자로서의 능력은 탁월했다. 그는 정치에 관심을 가졌는데 1962년 공화당에 입당하여 자신의 입지를 굳혀나간 끝에 1966년 제33대 캘리포니아 주지사에 당선되었다.

그는 조세 감면, 고등교육 정책에 열정을 바쳐 캘리포니아 주 재정을 적자에서 흑자로 바꾸어 놓으며 많은 인기를 얻었다. 그는 그 여세를 몰아 1968년 공화당 대통령 후보로 나섰으나 공화당 대통령 후보 지명대회에서 제럴드 포드에게 패했다. 1980년 다시 공화당 대통령 후보 지명대회에 도전하여 대통령 후보가 되어 당시 민주당 대통령이었던 지미 카터를 누르고 제40대 대통령이 되었다.

레이건은 대통령으로 재임하는 동안 민주주의와 공산주의의 냉전을 종식시키며 핵전쟁의 위험으로부터 벗어나게 했다. 이 일로 동유럽은 공산의 독재로부터 벗어나게 되었다. 레이건은 자유

민주주의가 공산주의보다 도덕적으로 우월하다고 믿었으며, 미국이 그 선봉에 있음을 만천하에 천명하였다. 그의 넘치는 자신감과 정책 수행에 미국 국민들은 열렬한 지지를 보냈다. 레이건은 미국이 세계 최고의 강국임을 미국 국민들의 가슴에 새김으로써 자긍심을 한껏 끌어올렸다.

레이건이 소련을 무너뜨리기 위해 시도한 정책을 살펴보면 그의 전략이 얼마나 치밀했는지 알 수 있다. 그는 소련을 붕괴시키기 위해 아프가니스탄 반군을 지원해 소련의 군사력을 약화시켰으며, 니카라과 공산주의의 반대 세력에게 무기를 제공했다. 카리브해의 섬나라인 그라나다에서 쿠바가 개입한 공산 쿠데타가 일어나자 군대를 보내 무력으로 공산 정권을 전복시키고 자유선거를 통해 자유 민주정권이 세워지게 했다.

그가 펼친 정책들마다 성공을 거둘 수 있었던 것은 재임 후 즉각 실시한 군비 확장에 있다. 그는 퇴역한 군함에 최신 전자장치와 미사일을 장착하여 활용하며 최신에 무기를 개발하여 군사력에서 소련의 우위를 점하였다. 그는 공산주의를 몰아내기 위해 치밀하게 전략을 세움으로써 자신의 정책을 완성시켰다.

강한 미국, 위대한 미국, 세계 경찰 국가로써의 미국을 지향한 레이건의 열정을 미국 국민들은 잊지 못하고 있다. 레이건의 말에는 강력한 긍정의 힘이 나타나 있다. 그는 역동적이고 강력한 대통령이었으며 성공한 인생이었다.

100
인생은 가까이서 보면 비극이지만, 멀리서 보면 희극이다

인생은 가까이서 보면 비극이지만, 멀리서 보면 희극이다.
_ 찰리 채플린

찰리 채플린 Charles Chaplin(1889~1977)
영화배우, 영화감독 겸 제작자
베니스영화제 특별공로상(1972), 45회 아카데미 주제가상(1973) 외
저서 《찰리 채플린 나의 자서전》 외

영국 출신의 영화배우이자 영화감독 겸 제작자로 널리 알려진 찰리 채플린. 그의 부모는 런던 뮤직홀의 가수이자 배우였다. 부모의 이혼으로 찰리는 어린 시절부터 지독한 가난에 허덕여야 했다. 찰리는 어머니와 살면서 다섯 살 때부터 무대에 올랐다. 알콜 중독자인 아버지가 사망하고, 가까스로 생계를 잇던 그의 어머니가 후두염으로 목소리를 잃는 바람에 그는 빈민 구호소에서 생활

하기도 했다. 삶이 너무 힘든 나머지 자살을 생각할 때도 있었다. 그때마다 그는 살아야 한다는 강한 일념으로 현실을 극복했다.

재주가 많았던 그는 17살 때 카노 극단에 입단하여 자신의 끼와 기량을 펼치며 주목 받았다. 그는 미국과 프랑스에서 순회공연을 하던 중 코미디계의 제작자인 M. 세네트 눈에 띄어 그가 운영하는 영화사 키스톤 소속의 배우가 되었다.

채플린은 24세 때 주급 150달러를 받고 〈생활비 벌기〉라는 작품으로 데뷔하였는데 흥행의 실패로 관객들에게 존재를 알리지는 못했다. 이후 그는 어떻게 하면 자신을 관객들에게 알릴 수 있을지 진지하게 고민하고 연구하였다. 그러던 중 그는 1914년 〈베니스 어린이 자동차 경주〉에 출연하면서 중절모에 짧은 양복바지, 지팡이를 휘두르는 캐릭터를 선보였다. 지금 찰리 채플린하면 떠올리는 캐릭터는 그때 만들어졌다.

당시 관객들의 반응은 놀라웠다. 캐릭터가 그의 연기와 잘 어울려 대중에게 그의 존재는 깊게 각인되었다. 이어 출연한 영화 〈마벨의 이상한 재난〉에서 그는 자신만의 캐릭터를 크게 끌어올렸다.

키스톤에서 그의 작품은 과장된 몸짓과 어수선하고 소란스러운 코미디가 주를 이루었다. 비평가들은 그의 연기를 저속하다고 평가했지만 관객들의 반응은 뜨거웠다. 인기에 힘입어 그는 〈틸리의 구멍 난 로맨스〉 외에 34편의 영화에 출연하며 자신의 존재를 확실히 대중에게 각인시켰다. 영화 출연이 거듭 될수록 그의 연기는 일취월장하였고, 더불어 인기도 급상승하였다.

영화배우로 명성을 얻은 그는 1916년 '뮤츄얼 필름'으로부터 12

편의 영화를 제작해 줄 것을 의뢰 받고 18개월 동안 12편의 영화를 제작하였다. 이 중 〈전당포〉, 〈어느 날 오전〉 등 여러 편이 성공을 거두었다. 이후 그는 '퍼스트네셔널 픽처스'와 계약하여 8편의 영화를 만들었고 자신이 만든 영화사 '유나이티드 아티스츠'에서 영화를 제작하며 전성기를 구가하였다.

그는 베니스영화제 특별공로상, 아카데미 주제가상 외 많은 상을 수상했으며, 영화 발전에 기여한 공로를 인정받아 영국 옥스퍼드대학에서 명예 문학박사 학위를 받았다.

잘 나가던 그에게도 시련은 있었다. 그는 〈살인광 시대〉라는 영화에서 사회 비판과 풍자로 반미주의자, 공산주의자로 낙인 찍혀 자신의 성공 무대였던 미국 정부로부터 입국을 거부 당하는 아픔을 겪어야 했다.

"인생은 가까이에서 보면 비극이지만, 멀리서 보면 희극이다."

찰리 채플린 하면 많은 이들이 떠올리는 말로 그의 인생이 함축되어 있는 말이다. 그는 지독한 가난으로 어린 시절을 비참하게 보냈지만, 자신의 재능을 살려 남과 다른 자신만의 독특한 개성을 통해 무성 영화배우, 희극배우, 영화감독, 제작자 등으로 이름을 알렸다. 그는 자신이 추구한 분야에서 뛰어난 업적을 이룸으로써 세계 영화사의 큰 별이 되었다.

명언의 탄생
명언으로 읽는 100명의 인생철학

초판 1쇄 발행 2014년 4월 24일
초판 2쇄 발행 2014년 5월 25일

지은이 김옥림

펴낸이 박세현
펴낸곳 팬덤북스

기획위원 김정대·김종선·김옥림
편집 김종훈·이선희
디자인 강진영
영업 전창열

주소 (우)121-250 서울시 마포구 성산동 275-60번지 교홍빌딩 305호
전화 070-8821-4312 | **팩스** 02-6008-4318
이메일 fandombooks@naver.com
블로그 http://blog.naver.com/fandombooks

등록번호 제25100-2010-154호

ISBN 978-89-94792-83-5 13320